国家级职业教育规划教材

全国中等职业技术学校饭店服务专业教材

GUOJIAJI ZHIYEJIAOYU GUIHUA JIAOCAI

王明强 主编

（第三版）

饭店服务礼仪

人力资源社会保障部教材办公室 组织编写

中国劳动社会保障出版社

简介

本教材为国家级职业教育规划教材，由人力资源和社会保障部教材办公室组织编写。

本教材介绍了礼仪的基本概念和原则、东西方礼仪的区别，以及饭店服务礼仪的内涵，详细讲解了饭店服务人员仪容服饰礼仪、言谈举止礼仪、人际交往礼仪和饭店主要部门的接待礼仪。同时，对国际交往礼仪、我国主要客源国（地区）的习俗与礼仪、宗教礼仪也进行了阐述说明。

本教材由王明强主编，刘晓芬、李涛、雷静、江华参与编写。

图书在版编目（CIP）数据

饭店服务礼仪 / 王明强主编. —3版. —北京：中国劳动社会保障出版社，2016

全国中等职业技术学校饭店服务专业教材

ISBN 978-7-5167-2590-0

Ⅰ.①饭…　Ⅱ.①王…　Ⅲ.①饭店－商业服务－礼仪–中等专业学校－教材

Ⅳ.①F719.2

中国版本图书馆CIP数据核字（2016）第143838号

中国劳动社会保障出版社出版发行

（北京市惠新东街1号　邮政编码：100029）

*

三河市华骏印务包装有限公司印刷装订　新华书店经销

787毫米×1092毫米　16开本　11.25印张　190千字

2016年6月第3版　2020年1月第9次印刷

定价：22.00元

读者服务部电话：（010）64929211/84209101/64921644

营销中心电话：（010）64962347

出版社网址：http://www.class.com.cn

http://zyjy.class.com.cn

Preface 前言

全国中等职业技术学校饭店服务专业教材自出版至今已有二十年，在此期间，我们密切关注行业的发展以及职业学校教学需求的变化，先后对教材进行了两次修订和增补开发，使得教材内容不断更新，体系逐步完善。

在新一轮的教材修订工作中，我们收集饭店企业对于技能型人才的具体要求以及学校使用教材的反馈意见，组织骨干教师与行业、企业的专家进行充分研讨，确定重点做好以下几方面工作：

◆更新教材内容　根据饭店企业的发展变化，补充有关饭店管理的最新理念，以及在线预订、智能系统等互联网时代出现的新方法、新技术，更新与饭店及旅游相关的人文信息，使教材内容更加具有前瞻性。进一步加大技能训练的比重，在前厅服务、客房服务、餐厅服务、康乐服务等主要技能课教材中，更多地加入实践案例和操作指导，有助于学校开展一体化教学。同时，将职业道德、服务意识、礼仪规范等有机融入到教学内容、课堂问答、课后训练等各环节中，以加强对学生职业素质的培养。

◆提升教材表现力　通过设置“案例分析”“知识链接”“服务提示”等不同栏目，增加教材的亲和力，激发学生的学习兴趣。同时，尽可能多地以图表代替冗长的文字叙述，使教材更加生动直观，易于学习。

◆加强立体化资源建设　将习题册修订与教材修订同步进行，同时补充开发配套的电子课件。习题册答案及电子课件可登陆 www.class.com.cn，搜索相应的书目，在相关资源中下载。

本套教材的编写得到了有关省市人力资源和社会保障部门以及一批中等职业技术学校的大力支持，教材的编审人员做了大量的工作，在此，我们表示衷心的感谢！同时，恳切希望广大读者对教材提出宝贵的意见和建议。

人力资源社会保障部教材办公室

Contents 目 录

第一章 礼仪概述

饭店服务工作是一个国家对外交流的窗口，也是一个国家文明风尚的具体反映。饭店服务工作是服务人员面对宾客进行的，对服务人员的素质要求较高。饭店服务人员不仅要精通服务规范和程序，而且要懂得服务礼仪。在服务工作中，饭店服务人员要尊重不同国家和地区的文化、民俗和宗教信仰，要体现出热情、文明、礼貌的服务仪态和举止，要使每位宾客获得宾至如归的高品质服务，从而对饭店服务质量留下良好印象。

学习目标

☆了解礼仪的基本概念。
☆了解东方礼仪与西方礼仪的特点。
☆掌握饭店服务礼仪的含义。
☆掌握饭店服务礼仪的作用。
☆掌握礼仪素质的养成方法。

第一节　礼仪的基本概念

中国素以“文明古国”“礼仪之邦”著称于世。在其五千年的历史进程中，重礼仪、守礼法、讲礼信、尊礼义已成为人们的一种自觉意识，贯串于社会活动的各个方面，成为中华民族的文化特征。

一、礼仪的概念

礼仪是指人们在一定的社会交往场合中，为向对方表示尊重、敬意、友好而约定俗成、共同遵循的行为规范和交往程序。礼仪包括礼貌、礼节、仪式三个方面。在礼学体系中，礼仪是有形的，它存在于社会交往的一切活动中，其基本形式受物质水平、历史传统文化心态、民族习俗等众多因素的影响。语言（包括书面语言和口头语言）、行为表情、服饰器物是构成礼仪最基本的三大要素。一般来说，任何重大典礼活动都需要同时具备这三种要素才能完成。

服务礼仪

二、仪式的概念

仪式是指在特定场合举行的、具有专门程序的、规范化的活动。在举办仪式时要遵循严格的规范和程序。仪式依照举办目的不同，可以分为迎送仪式、签字仪式、开幕式、闭幕式、颁奖仪式等。迎接外国国家元首或政府首脑时检阅仪仗队仪式和鸣放礼炮仪式、展览会开幕仪式或大厦落成的剪彩仪式、大型工程的奠基仪式等，都属于在较大较正规的场合举行的隆重仪式。

颁奖仪式

三、礼貌的概念

礼貌，一般是指在人际交往中，通过言语、动作向交往对象表示谦虚和恭敬的规范。礼貌可以分为礼貌行为和礼貌语言两个部分。礼貌行为是一种无声的语言，如微笑、点头、欠身、鞠躬、握手、合十、拥抱、鼓掌等；礼貌语言是一种有声的行动，如使用“女士”“先生”等敬语、“欢迎光临”“我能为您做点什么”等谦语，以及“贵姓”“几位”等雅语。

礼貌迎宾

在交往时讲究礼貌，不仅有助于建立相互尊重和友好合作的新型关系，而且能调节公共场合的人际关系，缓解或避免冲突。饭店服务人员对宾客开展礼貌服务，可以让身处异国他乡的宾客有在家一般的亲切、温暖之感。

四、礼节的概念

礼节，通常是指人们在日常生活特别是在交际场合中，表示相互尊重、友好问候、祝愿慰问，以及给予必要的协助与照料的惯用形式，它实际上是礼貌的具体表现方式。如中国古代的作揖、跪拜，当今世界各国通行的点头、握手，南亚诸国的双手合十，欧美国家的拥抱、亲吻，少数国家和地区的吻手、吻脚、拍肚皮、碰鼻子等，都是礼节的表现形式。在国际社会交往日趋频繁的今天，各国的礼节有着互相融通的趋势，但各国各民族的特点是客观存在的，传统的礼节多有不同。因此，在旅游服务过程中，熟知和尊重各国、各民族的礼节和风俗习惯是十分必要的。

合十礼节

知识链接

礼炮的来历

鸣放礼炮最初起源于17—18世纪的英国。英国当时是头号殖民地国家，英国军舰驶过外国炮台或驶入外国港口时，蛮横地要求所在国向他们鸣放礼炮致礼，以示对英国的尊重和屈服，英国军舰也会鸣放礼炮回礼，鸣放礼炮的习俗就这样诞生了。

举行盛大庆典时，各国鸣放礼炮的规定不尽相同。美国国庆日鸣放50响，表示每州鸣一响。1949年10月1日，新中国宣告成立时，正值中国共产党成立28周年，所以54门大炮齐鸣28响。在迎宾仪式中鸣放礼炮，最高规格是21响，一般为国家元首鸣放；其次是19响，为政府首脑鸣放，再其次为17响，为副总理鸣放。但有些国家却分得不那么细。1984年2月起，中国政府决定为外国国家元首和政府首脑访华举行欢迎仪式时恢复鸣放礼炮。

案例分析

《林肯传》中有这样一件事：一天，林肯总统与一位南方的绅士乘坐马车外出，途遇一老年黑人深深地向他鞠躬。林肯点头微笑并摘帽还礼。同行的绅士问道："为什么你要向一个黑人摘帽？"林肯回答说："因为我不愿意在礼貌上不如任何人。"可见林肯深受美国人民的热爱是有其原因的。1982 年美国举行民意测验，要求人们在美国历届的 40 位总统中挑选一位"最佳总统"时，名列前茅的就是林肯。

查阅资料说说脱帽礼的来历。林肯为什么要向老年黑人脱帽致礼？

深入思考

人们常说"礼多人不怪"，讲的是人际交往中要重视礼貌、礼节和礼仪。结合个人的体会，谈谈礼貌、礼节和礼仪在生活中的作用。

第二节　礼仪的原则

在日常生活中，学习、应用礼仪，有必要在宏观上掌握一些具有普遍性、共同性和指导性的礼仪规律。这些礼仪规律，即礼仪的原则。

一、遵守

每一位参与者，不论身份高低、职位大小、财富多寡，都必须自觉、自愿地遵守礼仪，以礼仪去规范自己在交际活动中的一言一行和一举一动。

二、自律

古人云："己所不欲，勿施于人。"学习、应用礼仪，最重要的就是要自我要求、自我对照、自我反省。只要求别人讲究礼仪，自己不讲究礼仪，不能称之为真正的礼仪。

三、尊敬

孔子说："礼者，敬人也。"尊敬是礼仪的本质，尊敬原则就是要求人们在交际活动中，与交往对象既要互谦互让、互尊互敬、友好相待、和睦共处，更要将对交往对象的重视、恭敬、友好放在第一位。

案例分析

重视每一个顾客

一日，汤姆·霍普金斯和往常一样打开了样板房，等待顾客上门。

不一会儿，一辆破旧的车子驶进了屋前的车道上，一对年老邋遢的夫妇走了进来。汤姆热情地和他们打招呼表示欢迎。此时，建筑商杰尔却摇头示意汤姆别在他们身上浪费时间。汤姆没有理会，依然耐心接待这对年老的夫妇。认定汤姆在浪费时间的杰尔恼怒地离去了。

汤姆带着这对年老的夫妇仔细地参观这栋豪华房子，房屋内部气派典雅的格局深深地震撼着这对年老的夫妇。

在参观完房子的每一个角落后，这对年老的夫妇私下商量了五分钟，做出了最终决定。丈夫从外套口袋里取出了一个破损的纸袋，拿出一沓钞票，堆在楼梯的梯级上。

杰尔回来看到那张已签好的合同，惊呆了！

四、宽容

在交际活动中运用礼仪时，既要严以律己，更要宽以待人。由于习惯、地域等不同，礼仪也会表示出各异的特点。因此，对不同于自己的行为习惯要耐心容忍，不必要求处处效法自身，与自己完全保持一致。

五、平等

礼仪的核心点，是尊重交往对象、以礼相待，对任何交往对象都必须一视同仁，给予同等程度的礼遇。不应该因为对方的年龄、性别、种族、文化、职业、地位、身份、财富及与自己的亲疏关系等方面有所不同，进而区别对待、厚此薄彼。

六、从俗

“十里不同风，百里不同俗。”礼仪必须坚持入乡随俗，与绝大多数人的习惯保持一致，不能目中无人、自以为是，否定其他人的习惯性做法。

七、适度

应用礼仪时，必须注意技巧、合乎规范，要做到把握分寸、认真得体。还要注意过犹不及。礼仪如果做得过了头，也会让人觉得不舒服，从而起不到应有的效果。

八、真诚

英国哲学家培根说“行为举止是心灵的外衣”。待人以诚，诚心诚意，诚实无欺，言行一致，表里如一，这些都是礼仪最基本的原则。因为只有真诚地对待每一个人，才会更好地被对方所理解和接受。

案例分析

六尺巷的故事

康熙年间，文华殿大学士兼礼部尚书张英在京城做官，邻居吴氏欲侵占他的宅边地，家人驰书京城，要张英凭官威压一压吴氏气焰。谁知张英却回诗一首曰：“千里修书只为墙，让他三尺又何妨。万里长城今犹在，不见当年秦始皇。”意思很明白：退让。家人得诗，主动退让三尺。吴氏闻之，受到震动也后撤三尺，让出一条道路，宽有六尺，称为“六尺巷”。

请根据案例，分析在人际交往中如何运用礼仪的原则。

活动平台

找找身边的实例，结合自己的生活与体验，以故事的形式谈谈应该如何更好地遵循礼仪的原则去与他人交往。

第三节　东方礼仪与西方礼仪

二十一世纪是东西方文化全面交流的时代，在经济全球化的大背景下，东西方礼仪的交流、碰撞、融合已呈不可抵挡之势，进一步提升饭店服务人员的礼仪素养，已成为提高饭店企业核心竞争力的有效载体。

一、东方礼仪特点

东方礼仪是指中国、日本、朝鲜半岛、东南亚等亚洲国家所代表的具有东方民族特点的礼仪文化。古老的东方，以其富有人情味的传统礼仪向世人散发着无穷的魅力。东方礼仪的特点如下：

1．重视血缘

东方的民族，都非常重视家族和血缘关系。“老吾老，以及人之老，幼吾幼，以及人之幼”，敬老爱幼之风，自古皆然。“落叶归根”“父母在，不远游”等，无不体现出东方人强烈的家庭种族观念。

2．谦逊含蓄

与直率坦诚的西方人相比，东方人显得谦逊和含蓄。以送礼为例，中国人或日本人在给人送礼物时，尽管礼物是经过精心挑选的上品，但在送人时也总会恭敬地说些“微薄之礼，不成敬意，请笑纳”之类的谦恭话语。而西方人在送人礼物时，则会说：“这是最好的礼品。”一位东方姑娘面对称赞她漂亮的先生，若不摇头否定会被看作是失礼的；而一位西方姑娘若不对称赞她漂亮的先生说声“谢谢”，则会被看成是不礼貌的。

3．强调共性

在西方，提倡个性自由，崇尚个人力量；而在东方，国家、民族甚至“集团”的凝聚力非常强烈。在日本，企业的经营亦充满着家族式色彩，富有人情味，人人以为集团谋事出力为荣。

4．礼尚往来

“来而不往，非礼也”。基于这种思想，日文中馈赠一词写为“赠答”，意为赠送和还礼。日本人很注重还礼，如突然接受礼品而无物可还时，即便是用纸张代替，也要放入对方送礼的容器里，以示自己的答谢之情。

二、西方礼仪特点

西方礼仪指流传于欧洲、北美各国的礼仪文化。西方礼仪的产生与西方文明的发展有着密切的关系，它萌芽于古希腊，形成于17—18世纪的法国，其间深受古希腊、古罗马、法兰西等国文化的影响。西方礼仪的特点如下：

1．简单实用

西方礼仪是西方各国人们在长期的实践活动中产生和形成的，因此，西方礼仪具有很强的实用性。

2．强调个人尊严

西方人维护个人尊严，崇尚个人力量，追求个人利益。在西方，冒犯对方的隐私是非常失礼的行为。

3．自由、平等、开放

从古希腊开始，在与自然抗争的过程中，西方人就形成了独立进取的乐观精神，提倡人人平等，积极参与竞争。西方人崇尚个人自由，家族观念不如东方人那么强烈。

4．尊重妇女

在西方，“女士优先”不仅是一个口号，而且长期真实地体现在生活中。

礼仪形式的区别并不与礼仪的宗旨相矛盾。不同时代、不同区域的礼仪文化所追求的正是人与人之间的和谐相处，而所遵循的基本原则正如老子所言“己所不欲，勿施于人”。由此来看，东西方礼仪不过是一棵大树上分开的两个枝丫罢了。

深入思考

你能否举出一个例子说明东西方人在礼仪上的差异？

第四节　饭店服务礼仪

饭店服务礼仪是表现对宾客尊重或友好的需要。在饭店服务中注重礼仪、礼节，讲究仪表、举止、语言，执行操作规范，是体现主动、热情、周到服务的外在表现形式，目的是使客人得到精神上的愉悦和身心上的享受。

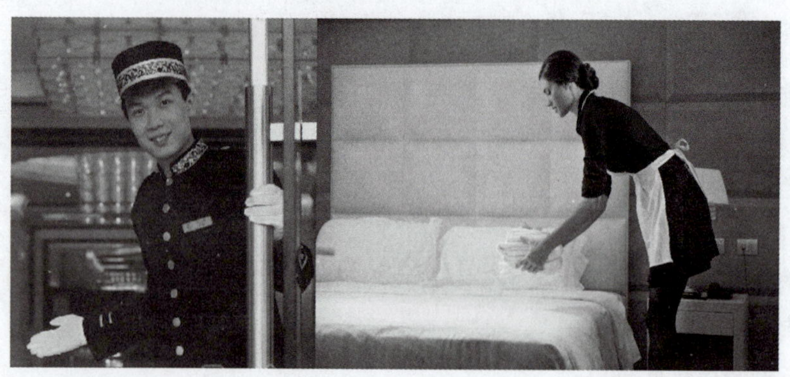

饭店一线部门的服务礼仪

一、饭店服务礼仪的概念

饭店服务礼仪是在饭店服务工作中形成的，并得到共同认可的礼貌、礼节和仪式。饭店服务礼仪具有规范性、系统性、实用性和可操作性的特点。具体来讲，饭店服务礼仪要求服务人员注重仪表规范、仪态规范、仪容规范、语言规范和岗位行为规范，树立全心全意为宾客服务的思想，养成尊重、关心宾客的服务意识，形成宾客至上的服务观念，掌握服务的方法和艺术，遵守服务礼仪规范，了解和尊重别国风俗习惯和宗教仪式，尊重妇女，从而使宾客满意，认可饭店的服务，赢得更多的回头客。

案例分析

东方大饭店的机场代表小杨从机场接客人回饭店。途中，小杨礼貌地与一位外国客人闲聊。从闲聊中，小杨知道客人回饭店放了行李，马上要去另一饭店会见一位客户。下车后，小杨不仅主动帮客人办理入住手续，还为客人叫好出租车等待客人下来。当客人见到待命的出租车，既感激又惊讶，因为他根本没料到小杨会帮他叫好车等他下来。因此，他很高兴地连声向小杨道谢。两天后，客人要离开饭店了，他特意去跟小杨道别："小姐，我今天要离开你们饭店了，非常感谢你为我提供的礼貌和周到的服务，希望下次来的时候能再次见到你。"此刻，小杨也惊讶了：自己只不过主动为客人做了一些力所能及的小事，客人却记在心里。一阵喜悦和满足感使小杨露出了甜美的笑容。

小杨为什么会得到客人的表扬？从这个案例中，你对礼貌服务有什么新的认识？

二、饭店服务礼仪的要求

1．树立以宾客为中心的观念

以宾客为中心，要求饭店服务人员在对客服务时，必须想宾客之所想，急宾客之所急，站在宾客的角度考虑问题，为宾客提供主动、热情、周到的服务，尽量把服务工作做在宾客开口之前，从而让宾客感到亲切和满意。

2．把礼貌服务贯串始终

饭店服务人员在工作中，要努力做好每个环节的服务，要通过语言、动作、姿态、仪表、仪容等，体现对宾客的友好和敬意，使宾客感受到当地的民风民情，感受到中国礼仪之邦的风范。同时，也应注意各国各民族一些独特的礼节和风俗习惯，并灵活恰当地运用到服务接待中去，增强宾客宾至如归的感受。

案例分析

有一位先生为外国朋友订做生日蛋糕。他来到一家酒店的餐厅，对服务人员说："您好，我要为一位外国朋友订一份生日蛋糕，同时附带一份贺卡，可以吗？"服务人员接过订单一看，忙说："对不起先生，请问您的朋友是小姐还是太太？"这位先生也不清楚这位外国朋友是否结婚，从来没有打听过，他为难地抓了抓后脑勺想想，说："小姐？太太？她年纪也不小了，应该是太太吧。"生日蛋糕做好后，服务人员按地址到酒店客房送生日蛋糕。敲门后，一女子开门，服务人员有礼貌地说："请问，您是怀特太太吗？"女子愣了愣，不高兴地说："错了！"服务人员很奇怪，抬头看看门牌号，再回头打个电话问那位先生，房间号码没错。再敲一遍，开门，"没错，怀特太太，这是您的蛋糕"。那女子大声说："告诉你错了，这里只有怀特小姐，没有怀特太太！"啪一声，门被大力关上了。

服务人员什么地方出错了？为什么宾客会这么生气？

深入思考

在饭店服务中，应该"时时处处见礼貌"，请谈谈对此的理解。

3．宾客永远是对的

虽然宾客不可能永远是对的，但在宾客出错时，饭店服务人员也要把"对"让给宾客，这是饭店服务人员应该树立的职业意识。因为宾客住饭店是为了图舒适、买享受、得尊重，让宾客满意是饭店服务的宗旨。遵循"客人永远是对的"原则，就是使宾客得到最大的尊重和满足。

案例分析

在一家星级饭店，一位年轻的妈妈带年幼的女儿上洗手间，为了图方便，抱着小孩在洗手盆小便。当班的服务人员看到了，一脸严肃地批评道："女士，你怎么不讲卫生，这样做是不对的！"引起该宾客的难堪和不满，继而发生争吵。

服务人员的做法错了吗？如果你是该服务人员，你该怎么做？

三、饭店服务礼仪的作用

1．提高服务质量，增强饭店竞争力

当前，饭店业的激烈市场竞争，实质体现的是饭店服务质量的竞争。一家饭店的生存与发展、市场与客源，靠的是向宾客提供全方位的优质服务。研究表明：在饭店硬件设施相同的情况下，影响优质旅游服务的主要因素是服务规范、服务态度和服务礼仪。严谨的服务规范、真诚的服务态度和良好的服务礼仪，可直观地使宾客在感官上、精神上产生尊重感、亲切感。所以说，讲究服务礼仪是优质服务的关键环节，是提高饭店服务质量、增强饭店竞争力的有效方式。

案例分析

一位实习生去一家日资饭店前厅实习，大厅里宾客进进出出，络绎不绝。一位手提皮箱的宾客走进大厅，行李员立即微笑地迎上前去，鞠躬问候，并跟在宾客身后问宾客是否需要帮助提皮箱。这位宾客也许有急事，嘴里说了声："不用，谢谢。"头也没回，径直朝电梯走去，那位行李员朝着宾客匆匆离去的背影深深地鞠了一躬，嘴里还不断地说："欢迎，欢迎！"实习生看到这情景，感到困惑不解，便问身旁的值班经理："当面向宾客鞠躬是为了礼貌服务，可那位行李员朝宾客的后背深鞠躬又是为什么呢？""既为了这位宾客，也为了其他宾客。"经理说："如果此时那位宾客突然回头，他会对我们的热情留下深刻的印象，同时也是给大堂里的其他宾客看的，他们会想，当我转过身去，饭店的员工肯定会对我一样礼貌。"

评析：这个例子可以使我们对饭店服务礼仪的作用有进一步的了解：当面鞠躬热情问候——为了礼貌服务；背后鞠躬虔诚备至——为了树立良

好的形象。这说明，饭店服务礼仪对树立饭店良好形象，赢得宾客对饭店的好感，进而争取更多的客源能起到良好的作用。研究表明，很多时候人们把尊重看得比金钱更重要，这就要求服务人员讲究服务礼仪，使宾客感到他在酒店里是受到尊重的。

2．对客尊敬友好，表现服务人员素质

运用饭店服务礼仪，除了可以使服务人员在对客服务中胸有成竹、处变不惊之外，还能够帮助服务人员规范自身行为，更有效、更好地表达对宾客的尊重、友好与善意，给宾客留下美好的印象。这要求饭店服务人员在服务中要注重仪表、仪容、仪态和语言规范，以此表现待客礼貌；同时，饭店服务人员要发自内心、满腔热忱地向宾客提供主动、周到的服务，表现出良好的风度和素养。

活动平台

国内有一位知名的礼仪专家在其论述中谈及服务礼仪的主旨时，曾经非常生动地讲道："当一名服务人员在自己的工作岗位上为宾客提供服务时，能够非常规范地运用服务礼仪，固然最好；即使做不到这一点，比如说，他不知道到底应该怎样去做，或者他已经做错了，但是只要他能让对方感受到自己不是有意而为，并且能够表现得对对方不失敬重之意，对方一般便不会对他进行非难。"

1. 请分组讨论这段话，说出这段话所表达的含义。
2. 看完这段话，你对服务礼仪有何新的认识？
3. 你对服务礼仪的主旨是如何理解的？

3．塑造饭店形象，提高社会经济效益

饭店形象包括经营理念、品牌形象、员工形象等综合在一起的整体形象。良好的饭店形象能得到社会的认同和信赖，有利于占领消费者心理市场。服务礼仪是展示饭店服务人员形象的重要方式。饭店服务过程中，服务人员与宾客之间要面对面进行交流，所以，服务礼仪能带给宾客美的享受和精神的愉悦，从而有利于树立饭店的良好形象，增加宾客消费，为饭店带来更多的社会效益和经济效益。

四、礼仪素质养成

当我们接触一个人之后，常常会给他一些评语，如"这个人素质高，有风度"，或者"这个人有教养，谈吐文雅"。一个素质高、有教养的人，必须有良好的文明礼仪。这样的人，才会被人尊重，受人欢迎。

知识链接

曼谷东方宾馆坐落在泰国首都曼谷风光秀丽的湄南河畔，曾被评为“世界最佳饭店宾馆”。东方宾馆具有100多年的历史，宾馆经理认为：“最佳宾馆是由最佳员工创造的，而最佳员工则是靠严格的培训产生的。”东方宾馆的新员工在上岗前均须经过为期半年的业务技能和礼仪训练，以后每隔一段时间还要进修，年培训费高达几万美元。东方宾馆规定，员工不能与宾客争吵，发现谁与宾客争吵，立即解雇。所以东方宾馆的员工对待宾客均态度和蔼，彬彬有礼。最佳员工给东方宾馆赢得了声誉，树立了形象，许多旅游者专程远道慕名而来。

案例分析

一位先生要雇一个没带简历的小伙子到他的办公室做事，先生的朋友挺奇怪。先生说：“其实，他带来了比简历更重要的东西。你看，他在进门前先蹭掉脚上的泥土，进门后又先脱帽，随手关上了门，这说明他很懂礼貌，做事很仔细；当看到那位残疾老人时，他立即起身让座，这表明他心地善良，知道体贴别人；那本书是我故意放在地上的，所有的应试者都不屑一顾，只有他俯身捡起，放在桌上；当我和他交谈时，我发现他衣着整洁，头发梳得整整齐齐，指甲修得干干净净，谈吐温文尔雅，思维十分敏捷。怎么，难道你不认为这些小节是极好的简历吗？”

礼仪素质养成是一个自我认识、自我养成、自我提高的过程，是通过有意识的学习、仿效、积累而逐步形成的。饭店服务人员只有具备了高度的自觉意识，礼仪才会转化为自觉的行动，在日后工作中才会有良好的礼仪习惯。

1. 自觉接受礼仪教育

学生的服务礼仪意识和行为不是先天就有的，而是要靠教师的指点，靠不断地培养，靠良好的社会和学校环境影响来养成的。礼仪学习和教育可以使学生明确服务礼仪标准和要求，认识礼仪养成的重要性，树立良好的礼仪意识，产生强烈的自我修养愿望，从而产生积极的礼仪行为。

服务礼仪培训

2．注重参与礼仪实践

礼仪修养关键在于实践，见诸行动。学生要努力加强礼仪养成的实践，要以积极主动的态度，坚持理论联系实际，将自己学到的礼仪知识积极地应用于社会生活实践的各个方面。要在生活中、校园里和社会上的各种场合中，时时处处自觉地从大处着眼，小处着手，以礼仪的准则来规范自己的言谈举止。

3．加强道德文化修养

礼仪与道德文化是相辅相成、互相补充的。举止大方、温文尔雅、彬彬有礼的风度是以良好的道德文化修养为基础的。因此，学生要提高自己的礼仪修养，就必须树立正确的世界观、人生观和价值观，培养良好的职业道德，同时有意识地广泛学习科学文化知识，使自己具备一定的知识素养。

4．不断加强自我反省

古人强调提高个人修养要注意反躬自省，“吾日三省吾身”。礼仪养成要注重自我监督，对自己既要在这方面有所要求，又要处处注意自我检查。这样，将有助于自己发现缺点，找出不足，将礼仪养成真正变为个人的自觉行动和习惯做法，努力做到“习惯成自然”。

活动平台

以平常生活和学习为背景，分析自身行为有待改进的方面；制订一份文明礼仪培养计划书，并努力按照计划去做。

思考与练习

1. 简述礼貌、礼节、礼仪的概念。它们之间有什么联系与区别？
2. 东西方礼仪各具有什么特点？
3. 什么是饭店服务礼仪？饭店服务人员注重服务礼仪有哪些作用？
4. 学生如何养成良好的礼仪素质？

第二章 饭店服务人员仪容服饰礼仪

据有关专家分析，在事物给人的印象中，视觉印象大约占75%。由于宾客每天会与各个岗位的服务人员接触，所以饭店服务人员的仪表在宾客对饭店的视觉印象中占有很大比例。饭店服务人员的仪表是宾客对饭店第一印象的重要组成部分。一位饭店管理专家曾说过："一进饭店大堂，只要看一下员工的形象，再告诉我客房的数量，就能大致评估出这家饭店的营业收入和利润。"由此可以看出仪表对于饭店服务人员的重要性。

学习目标

☆掌握饭店服务人员的仪容仪表修养。

☆掌握饭店服务人员仪容仪表的具体规范。

☆掌握饭店服务人员的饰品佩戴要求。

☆掌握饭店服务人员的着装规范。

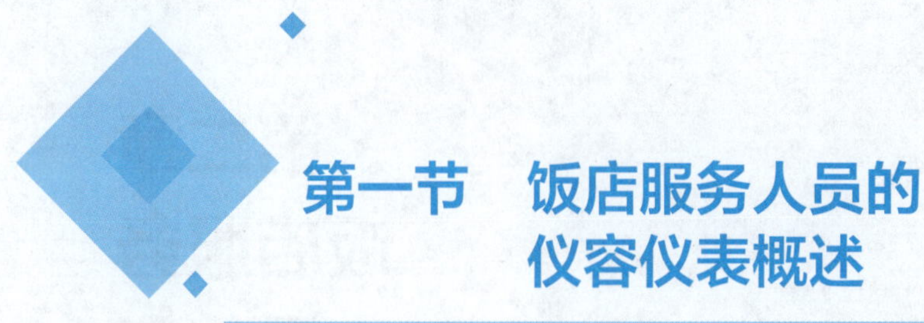

第一节　饭店服务人员的仪容仪表概述

仪表即人的外表，一般来说，仪表包括人的容貌、服饰、个人卫生和姿态等方面。仪容主要指人的容貌。

一、重视仪容仪表的必要性

注重仪表仪容是讲究礼貌礼节的一种具体表现，也是饭店服务人员自身获得肯定的途径。良好的仪容仪表能满足宾客视觉美方面的需要和求尊重的心理，同时也能为饭店服务人员赢得宾客的赞许和亲近。

饭店服务人员的仪容仪表在一定程度上体现了饭店的管理和服务水平。良好的仪容仪表不仅会产生积极的宣传效应，而且还可能弥补某些服务设施方面的不足。国内外评定旅游饭店星级的标准中，都有考核员工仪容仪表的内容。如果某饭店的服务人员不修边幅、蓬头垢面、衣着不整、萎靡不振，该饭店的服务和管理是不能够达标的。

深入思考

有一句古话叫“人不可貌相”。既然如此，饭店服务人员为什么还要花很多精力去修饰自己的仪容仪表？饭店管理层为什么还要在这方面严格要求员工？

二、仪容仪表的基本要求

饭店服务人员仪容仪表的基本要求有以下四点：

1．讲究个人卫生，衣着整洁。

2．强调和谐美。

3．自然大方。

4．注重培养个人修养。

技能提示

仪容与着装的配合

1. 服饰洁净、挺括、整齐，皮肤和头发干净、亮丽等，都是讲究个人卫生、衣着整洁的表现。

2. 浅色衬衫、颜色稍深的马甲、深色裤子及男士传统分头搭配和谐，体现出稳重之美。

3. 男女服务人员的服装剪裁合体、样式朴实，经典而不死板，配以大小适当的领结，显得自然大方。

4. 服务人员姿态优雅，神情自然，面带微笑，这些外在表现其实都是内在修养的体现。只有注重培养个人修养，才能在工作中显得落落大方。

活动平台

请根据饭店服务人员仪容仪表的基本要求修饰自己，并向全班同学展示。应以自己现有的服装为基础进行服饰搭配，不要专门购买。

举行班级仪容仪表比赛，每人一票（不能选自己），评选出仪容仪表最好的一位同学。比赛中，请对每位参赛同学提出意见。

第二节　饭店服务人员的仪容规范

仪容仪表最能够体现出一个人的年龄、财富、职业和文化。对于初次交往的人来说，外表是一种重要的吸引因素。在很多场合人们没有机会向每一个人介绍自己，让对方了解自己的优点，但是优雅得体的仪容仪表可以代替人们完成自我介绍。因为它涵盖的内容非常广泛，比如良好的审美能力、彼此的尊重程度等。因此，注重仪容仪表，对于人们而言就是为自己做了一张漂亮的名片，令接受者赏心悦目。

饭店服务人员的仪容规范，指按饭店行业要求对饭店服务人员的仪容进行修饰，使之符合礼仪要求。仪容修饰的重点是头发和面容。

一、头发修饰

头发修饰是重中之重，一位资深的形象设计专家曾经指出：“在一个人身上，正常情况下最引人注意的地方，往往首先是他对自己头发所进行的修饰。”饭店服务人员头发修饰的要求见表 2—1。

表 2—1　　饭店服务人员头发修饰的要求

类别	具体项目	要求
保洁	清洗头发	每周至少清洗头发两三次
	修剪头发	至少每月修剪 1 次，最好半个月左右修剪 1 次
	梳理头发	上班前、换装上岗前、摘下帽子时、下班回家时都要自觉梳理头发
发型	确定长短	男女服务人员头发的长短有不同的规定 男性服务人员头发不能过长，必须做到：前发不覆额，侧发不掩耳，后发不触领 女性服务人员头发长不过肩，不宜挡住眼睛。长发过肩者最好将长发盘束起来，不可披头散发
	选择风格	发型要体现庄重的风格，不宜使自己的发型过分时髦和前卫
美发	护发	长期坚持护发，选择好护发用品，采用正确的护发方法
	染发	如头发色泽不够黑，或有明显白发、杂色发，可将其染黑，不得将黑发染成其他的颜色
	烫发	在风格庄重的前提下可以烫发。切记不要将头发烫得过于华丽，以免给宾客造成喧宾夺主的印象
	假发	通常不提倡，饭店服务人员只有在出现掉发、秃发之时，才适于佩戴假发
	帽子	饭店服务人员戴工作帽主要有四个目的：美观、防晒、卫生、安全。饭店服务人员在上班时不应戴时装帽

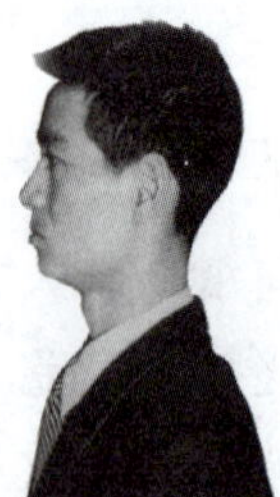
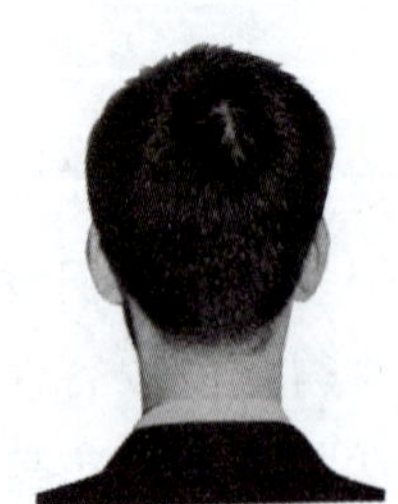
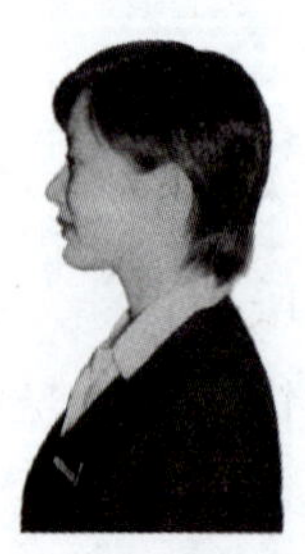

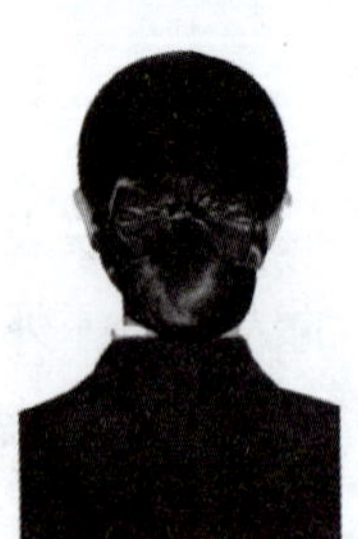

男女服务人员头发长短的要求

技能提示

发髻盘束

发髻的样式有很多，盘束的主要步骤包括以下几点：

1. 将头发从耳朵上方分为前后两部分，将后方头发绑成一束马尾。

2. 接着，将绑好的发束以扭转的方式往上盘绕。

3. 将马尾卷绕成发髻之后，以黑色的小夹子固定于头部。

4. 最后将前半部的头发平贴于额头梳顺，并别上小夹子即可。

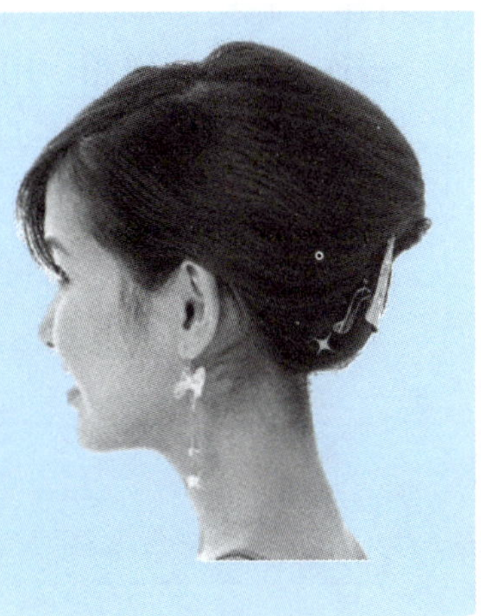

二、化妆修饰

1．化妆的原则

化妆一定要达到美化面容的目的，而不要自行其是，任意发挥，寻求新奇，或有意无意将自己老化、丑化。因此，化妆在原则上要注意自然、得法、协调，具体包括以下几个方面：

（1）化妆要求生动、自然，力求与本身的容貌融合成一体。

（2）化妆虽讲究个性化，但也有共性之处。主要的共性有：工作时化妆宜淡，社交时化妆可以稍浓，香水不宜涂在衣服外部和容易出汗的地方，口红与指甲油最好为一色等。

（3）化妆强调整体效果，应努力使妆面协调、全身协调、场合协调、身份协调。

2．化妆步骤及方法

就一般情况而言，女性服务人员上岗前的化妆，大体上可分为打粉底、画眼线、施眼影、描眉形、上腮红、涂唇彩、喷香水七个步骤。

示范动作——打粉底

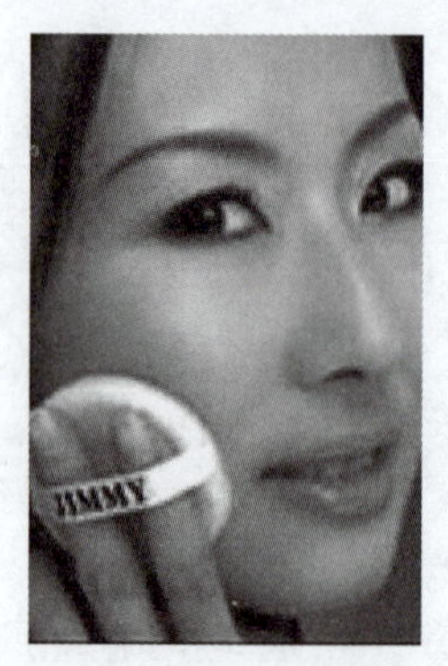

目的：调整面部肤色，使之柔和美化。

操作：选择粉底霜；用海绵取适量的粉底，细致涂抹，使之均匀。

注意：粉底霜与肤色反差不宜太大；可以在脖颈部打上粉底，以免面部与脖颈部“泾渭分明”。

示范动作——画眼线

目的：使眼睛生动有神，并且更富有光泽。

操作：笔法先粗后细，由浓而淡；上眼线从内眼角向外眼角画；下眼线从外眼角向内眼角画。

注意：一气呵成，生动而不呆板；上下眼线不可在外眼角处交汇。

示范动作——施眼影

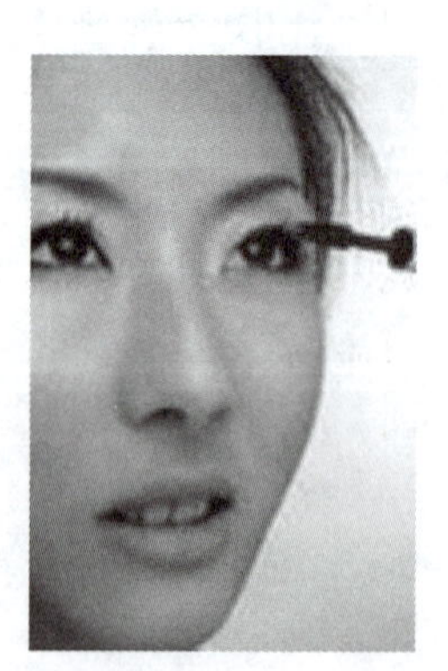

目的：强化面部立体感，使双眼明亮传神。

操作：选择适合个人肤色的眼影；由浅而深，施出眼影的层次感。

注意：眼影色彩不宜过分鲜艳；工作妆应选用浅咖啡色眼影。

示范动作——描眉形

目的： 突出或改善人的眉形，以烘托容貌。
操作： 修眉，拔除杂乱无序的眉毛；逐根对眉毛进行描眉形。
注意： 使眉形具有立体感；注意两头淡，中间浓，上边浅，下边深。

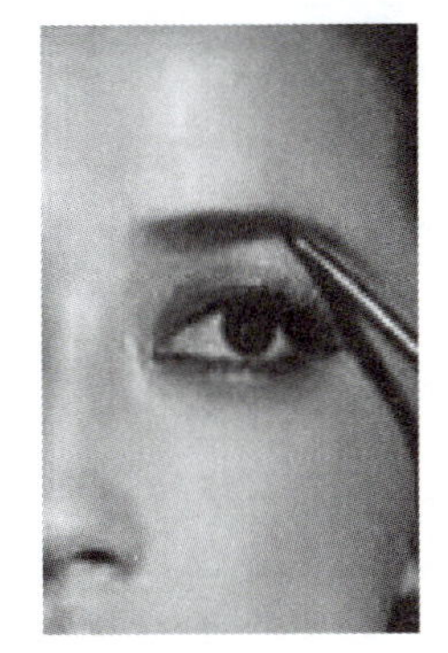

示范动作——上腮红

目的： 使面颊红润，轮廓优美，显示健康活力。
操作： 选择适宜腮红，延展晕染腮红，扑粉定妆。
注意： 使腮红和唇膏或眼线颜色属于同一色系；腮红与面部肤色过渡要自然。

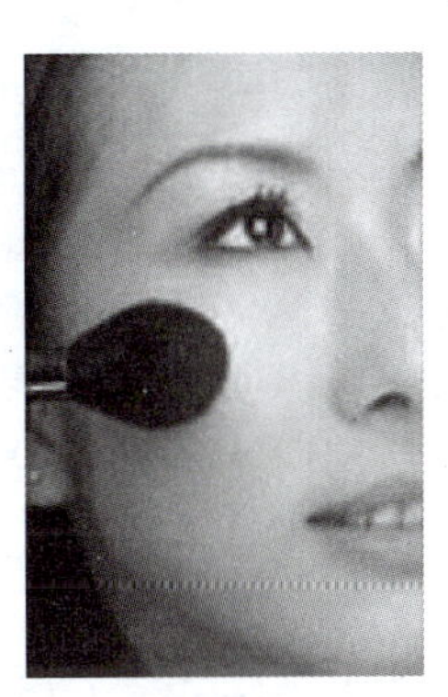

示范动作——涂唇彩

目的： 改变不理想唇形，使双唇更加娇媚。
操作： 以唇线笔描好唇线，涂好唇膏，用纸巾吸去多余的唇膏。
注意： 先描上唇，后描下唇，从左右两侧沿唇部轮廓向中间画；描完后检查一下牙齿上有无唇膏的痕迹。

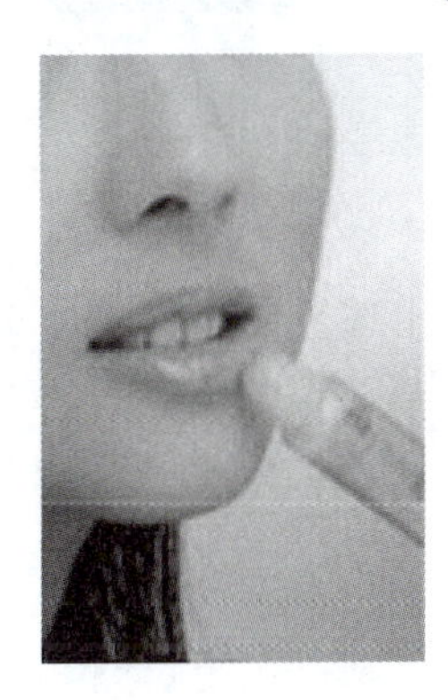

示范动作——喷香水

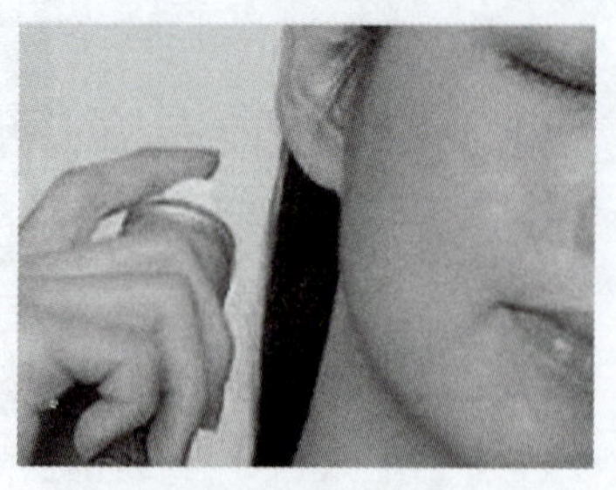

目的：掩盖不雅体味，使之清新怡人。

操作：选择适宜的香水类型，喷涂于腕部、耳后、颌下、膝后等处。

注意：香水切勿过量；香水气味应淡雅清新。

知识链接

化妆禁忌

化妆切忌离奇出众，脱离自己的角色定位。服务人员若不熟悉化妆之道，宁可不化妆也不要贸然化妆。在上班时，服务人员不但要注意坚持化妆，而且要注意及时检查和补妆。化妆一般应在上岗之前完成，不允许在工作岗位上进行，否则是对宾客的不尊重。

深入思考

“爱美之心，人皆有之”，饭店要求女性服务人员必须化妆后才能上岗，那女性服务人员是不是化妆越艳丽越好呢？

案例分析

吴先生下榻于某饭店。其间来到店内一餐厅就餐，接待他的是一位五官清秀的女服务员，她的服务工作做得很好。灯光下，这位服务员面色是很纯粹的白，唇色绯红，眼影是浅咖啡色的，眼线是一个闭合的黑圈，形状恰好勾勒出眼睛的轮廓，眉毛比较细，两头过渡均匀，发髻盘得整洁而华丽。当这位女服务员距离吴先生两三米远的时候，吴先生闻到她身上散发出浓郁的香水气味。

根据上文的描写，你认为这位女服务员的化妆有没有需要改进的地方？如果有，请指出应怎样改进。

三、护肤修饰

皮肤，尤其是面部皮肤，是很容易吸引别人视线的。因此，保持一个良好的面部皮肤形象，对于饭店服务人员来说非常重要。

保持健美的肌肤是美容的基础。皮肤越润泽、细腻，妆容就越自然；反之，如果皮肤粗糙，化妆品不能与其融为一体，就给人不自然的感觉。随着年龄的增长，人的皮肤会老化，产生皱纹，失去光泽和柔韧性，这是一种自然生理现象。然而，通过科学的方法却可以减慢皮肤的老化过程，使皮肤的青春期多保持一段时间。

饭店服务人员可通过以下方式进行护肤保养，见表 2—2。

表 2—2　饭店服务人员的护肤保养方法

方式	原理及做法	说明
保持乐观放松的情绪	原理	笑可以激发人体各器官，尤其是激发大脑和内分泌系统的活动。经常笑可以舒展脸部肌肉，加快皮肤新陈代谢，促进血液循环，增强皮肤弹性，起到美容的作用
	做法	平躺在床上，什么也不想，使脚比头高，10 分钟后，即可增加面部血液供血。持之以恒，可以使人面色红润，容光焕发，给人一种年轻和健康的美感
保证良好的睡眠	原理	在睡眠的状态下，人体所有器官（包括皮肤在内）都能自动休整，细胞加速更新，皮肤可以获得更多的氧气，满足代谢的需要
	做法	经常变换睡觉的姿势，不会因长时间压迫而增加面部皱纹；睡前要洗脸，防止化妆品或尘土对面部皮肤的刺激；尽量不服安眠药；保持卧室的良好环境，卧室的温度、床垫和枕头的软硬，都要适合自己的入睡要求，如有可能，可在室内设置加湿器，防止皮肤干燥
保持皮肤适当的含水量	原理	皮肤的弹性和光泽，由含水量决定。如果含水量低，皮肤就会干燥、无光泽
	做法	每天保证喝水 2 000 毫升；每天晚上睡前饮一杯凉开水，水分会融入细胞，为细胞所吸收；早上起床后，也要饮一杯凉开水，使胃肠通畅，使水随血液循环分布到全身，滋润皮肤。保持环境湿度，是保持皮肤水分的好方法
合理的饮食搭配	原理	人们从食物中摄取的各种营养成分，其美容功效远非任何化妆品所能及，而且获得的是一种健康的美。丰富多变的食物可以健美皮肤，使皮肤滋润光洁
	做法	日常饮食切不可偏食。在饮食中，除需吸取足够的蛋白质、碳水化合物和脂肪以外，还要吸取丰富的维生素和矿物质

续表

方式	原理及做法	说明
保持皮肤的清洁卫生	原理	经常清洁皮肤，可以避免污垢引起皮肤腺管的阻塞和对皮肤的刺激，防止细菌生长，保证皮肤的健康
	做法	洗脸水温度不宜偏高，一般应低于35℃；洗脸应按从下往上、由里向外的方向洗，这样有助于皮肤的血液循环；应使用温和的洗面奶，少用或不用香皂；洗脸动作要轻柔，坚持“浸脸”，每天让脸浸入冷水中一次，约2分钟，早晚均可
注重防晒	原理	紫外线对皮肤的弹力纤维有明显的破坏作用，过度日晒会导致弹力纤维断裂，使皮肤粗糙，生出皱纹
	做法	阳光太强的天气，应使用遮阳伞和防晒霜；如果皮肤被晒，可用稀释的柠檬汁洗脸，再用清水洗净，然后用毛巾敷在脸上轻轻按摩，使皮肤保持洁白光滑
按摩皮肤	原理	按摩皮肤，可促进血液循环，改善皮肤营养，减缓皮肤的老化过程
	做法	用两手掌相互摩擦发热，然后两手掌由前额顺着脸的两旁轻轻向下擦，擦至下巴时，再上擦至前额，如此一上一下，将脸的各处擦周到，上下共36次，每天早晚洗脸后进行；用双手手指从颊部向上斜推至外眼角部，再向外至发际部，反复30～50次。按摩时手法要轻柔，不可过分用力。还可以用经络美容法，即用手指或毛刷等按摩、刺激有关的经络和穴位

四、身体主要部位的仪容要求

1．眼睛

眼睛是心灵的窗户，饭店服务人员应保持眼部清洁，注视对方时目光坦诚不斜视。女性在进行眼部化妆时，眼影的颜色应与口红和肤色协调，睫毛膏只能使用黑、褐色，眉毛的颜色应接近头发的颜色。戴眼镜时，应摆放端正，保持眼镜干净明亮，不要在镜架处积存污垢，在工作场合最好不要戴墨镜或有色眼镜。

2．鼻子

饭店服务人员无论男女，都应该保证鼻孔干净，特别是鼻毛不要外露。有感冒或是鼻炎时，应随身携带纸巾，及时清理鼻涕，千万不要直接用手指挖鼻孔。

3．胡须

胡须即胡子，青春期后的男性一般都会长胡须。胡须比头发长得快，这是雄性激素作用的结果。所以男性饭店服务人员要养成勤刮胡须的习惯。

4. 手

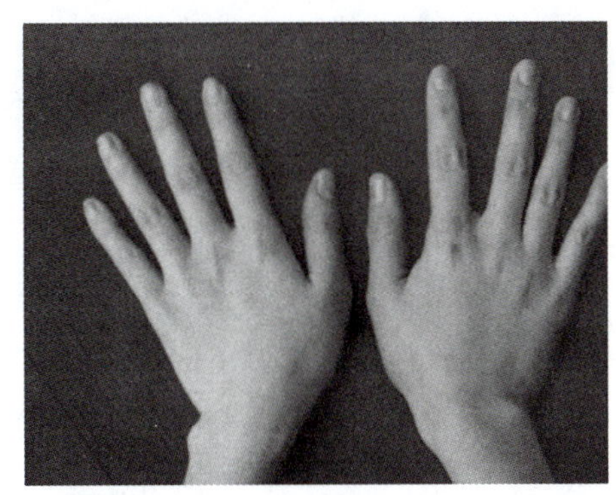
手部要求

手部要保持干净、无斑点，手指不应该有吸烟留下的熏黄痕迹。指甲应修剪整齐，无凹凸不平的边角。饭店服务人员不论男女，都不能留长指甲，女性尽量不涂有色指甲油，可选择无色透明的护甲油保护指甲。

活动平台

根据所学的护肤知识，总结自己平常在护肤方面有哪些需要改进的地方。为自己拟定一个具体的护肤方案，并与同学交流护肤心得。

第三节 饭店服务人员的仪容服饰

饭店服务人员的着装是一个国家政治、经济、科技、文化、地域、宗教、民俗等自然与社会大背景下的饭店企业视觉形象的重要组成部分，蕴涵着一定的文化品位和管理思想。饭店服务人员的制服不可能像时装那样采用各种艺术处理手法以达到最佳视觉效果，而是在传统、经典、实用、整齐划一的基础上表现出时代感。着装要适合饭店服务人员的身材和不同岗位的要求，在工作中穿上岗位工服要感觉舒服，显得精神，能起到识别和象征作用，体现出不卑不亢、热情大方的职业风度。饭店在选择制服的时候，应根据特定的工作环境和宾客类型选择令双方感觉良好的颜色与款式，应注意服装整体上具有时代气息，符合不同场合下宾客的审美需求，并与其心境相呼应。例如，前厅制服要华贵庄重，餐厅制服要温暖明快，客房制服要柔和安静，酒吧制服要幽雅静谧，舞厅制服要热烈活泼等。

一、制服穿着一般规范

制服是一种特殊的服装，通过一件制服可以看到一个人的职业形象，展现其精神风貌。制服应该按照规定穿着，保持平整，及时熨烫，不要有坏的拉链和扣子，同时，要确保干净、整洁、挺括。饭店服务人员在穿着制服时，尽量少佩戴首饰，因为制服本身是一种不需要装饰品的朴素的衣服。

制服是标志一个人从事何种职业的服装，故又称岗位识别服。饭店服务人员穿着醒目的制服不仅是对宾客的尊重，而且便于宾客辨认。同时也使穿着者有一种职业的自豪感、责任感和可信度，是敬业、乐业在服饰上的具体表现。

饭店服务人员的制服既要突出民族化服装的特色，也要有国际化的特点，并与国际上通行的做法"接轨"。饭店服务人员的制服虽因内部岗位的不同而有不同的样式，但如门童、行李员、西餐厅服务员、厨师等许多部门制服的款式在国际上却已经约定俗成化了。其中，有些款式已沿用几十年，虽然没有明文规定，但已获得本行业普遍认可，被当作饭店规范化的一部分。如门童的制服多为西服，色彩醒目，装饰华丽；西餐厅服务员的制服则是黑色燕尾服、马甲、白色礼服领衬衫、领结等。中餐厅服务员的着装，根据餐厅经营的菜系及整个餐厅的背景装饰色调来加以选择、调整，给顾客一种协调的美感，为餐厅增添生动的情趣。例如，主要经营淮扬菜的餐厅，其服务人员的衣着色彩要与餐厅色调相协调，并体现出扬州本地服饰的特点；主要经营宫廷菜的餐厅，其服务人员的着装，应体现历史传统服装的特色等。

饭店员工制服

技能提示

穿着制服的注意事项

1. 注意保持制服整体的挺括和清洁。
2. 特别注意衣领和袖口，其上不应有脏迹，衬衣袖口应扣上纽扣。
3. 制服上衣外面的口袋原则上不应装东西。
4. 部门经理以下级别的人员戴领结，部门经理以上级别的人员打领带。
5. 工号牌要按统一规定印制，不得擅自调换，不得挂在腰间，正确方法是戴在左胸前。

深入思考

小张是一位非常老实肯干的小伙子，在某饭店任餐厅服务员。平时，他工作任劳任怨，脏活累活总是抢着做。但他平时工作时衣服总是很脏。他说："衣服穿得干干净净，不像个干活的样子，穿脏一点的衣服干活方便。"他的观点对吗？请结合他的具体职务对其观点进行分析。

二、男士西服穿着的一般规范

目前，西服是全世界男士出席正式活动最流行的服装，也是饭店管理人员、办公室文员和前台接待人员日常工作的最佳着装选择。一般来说，一套西服配上不同的衬衫、领带，差不多就可以每天穿着并应付多种交际场合的需要了。很久以来，西服作为许多国家男士的正统服装，已经形成了一定的穿着规范。主流的西服文化给人一种有教养、有绅士风度、有权威感的印象。

西服若是穿着不当，会有损男士的形象。男士穿着西服的规范包括以下几点。

第一，西服要保持整洁、挺括。第二，西服购买后要及时去除袖口的商标，剪掉外露的线头。第三，西服不能穿起来显得过大，一定要合肩合身。第四，西服穿上后，衣长在臀部下缘或是大拇指尖端为宜，正式西服的袖子边缘在手掌虎口处，休闲西服的袖子边缘在手掌中间，称为掌心袖。第五，西服颜色最好选择深灰色、藏青色、蓝黑色等深颜色，比较符合职场的礼节，至于黑色西服虽然也较为正式，但在有些国家和地区只有丧葬时才穿，浅色西服一般在非正式场合穿着。

西服的具体穿着要点见表2—3。

表2—3　西服的穿着要点

穿着要点	方法	图示
与衬衫配套	无论是两件套西服还是三件套西服，均应穿单色衬衣。衬衣的领子要挺括，衬衣的下摆要塞在裤子里，衬衣衣袖要稍长于西服上装衣袖1～2厘米，以显示穿着的层次	

续表

穿着要点	方法	图示
与毛衣配套	三件套西服按国际惯例不能加毛背心或毛衣。在我国，最多加一件“V”字领毛衣，否则会显得十分臃肿，破坏西服的线条美	
与领带配套	在正式场合，穿西服必须系领带。西服脖领间的“V”字区最为显眼，领带处在这个部位的中心，领带的领结要饱满，与衬衫的领口吻合要紧凑。领带的长度以系好后大箭头垂直到皮带扣处为最标准。领带夹一般夹在衬衣的第三、四粒纽扣之间	
与鞋袜配套	正式场合，男士穿西服需配黑色皮鞋、深色袜子，鞋跟高度不超过3厘米，这样才能显得庄重大方。穿西服时，不能穿旅游鞋、轻便鞋、布鞋、凉鞋和雨鞋，不能穿白色袜子和色彩鲜艳的花袜子，不能穿半透明的尼龙或涤纶丝袜，也不能赤足穿鞋	
面料颜色配套	在正式场合，应穿同一面料、同一颜色的西服套装为好，但一般场合穿西服可上下分色	

续表

穿着要点	方法	图示
西服衣袋使用	穿西服要注意用好口袋。西服上衣两侧的口袋只作装饰用，不可装物品，不然会使西服上衣变形。西服上衣左胸部的口袋只可放折叠好的装饰手帕，有些物品（如票夹、名片盒等）可放在上衣内侧口袋里。裤袋亦不可装物品，以求臀部合适，裤形美观。手帕可装入裤子后兜内	
西服系扣习惯	西服有单排扣、双排扣之分。双排扣西服一般要求把全部纽扣系上，以示庄重。单排三粒扣习惯上系中间一粒或第一、二粒扣；两粒扣的只系第一粒或“风度扣”，或全部不系，如在正式场合，则要求把第一粒纽扣系上，坐下时方可解开	

领带的系法

领带是西服整体穿着中最耀眼的部分，领带的系法有亚伯特王子结、四手结（单结）、浪漫结、温莎结、简式结（马车夫结）和十字结（半温莎结）六种。具体系法如下：

示范动作——亚伯特王子结

适用于浪漫扣领及尖领系列衬衫。

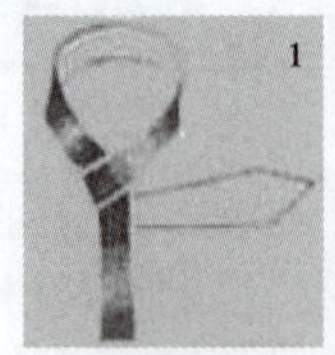
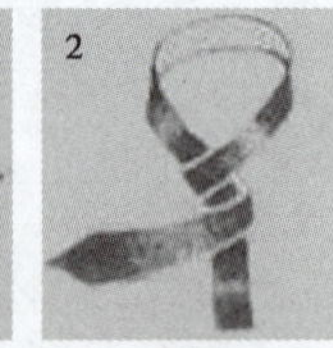

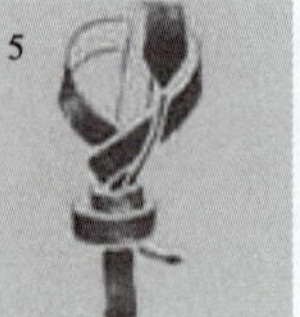

示范动作——四手结（单结）

所有系法中最容易上手的，适用于各种款式的浪漫系列衬衫及领带。

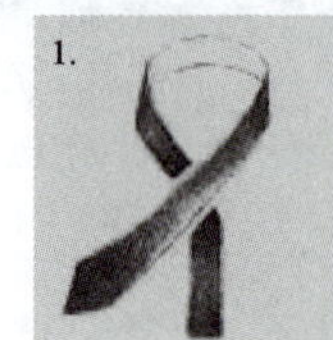
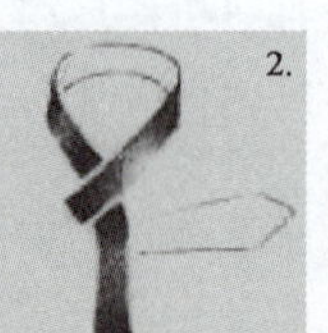
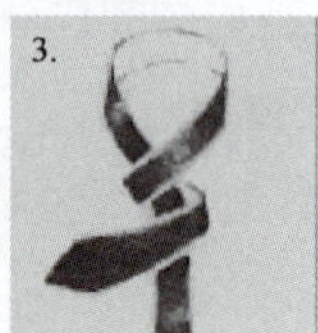
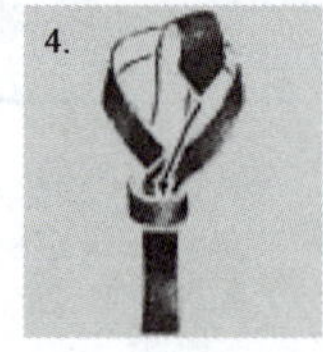
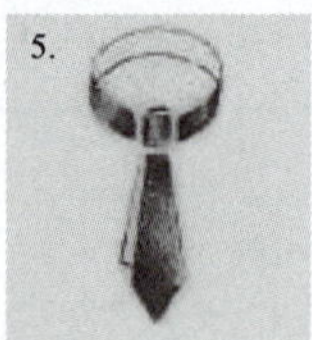

示范动作——浪漫结

浪漫结是一种完美的结型，适合用于各种浪漫系列的领口及衬衫。

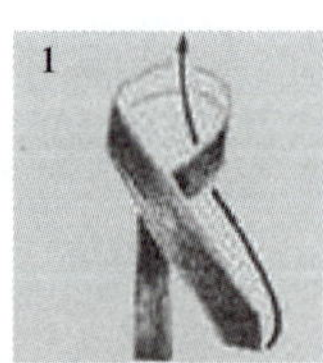
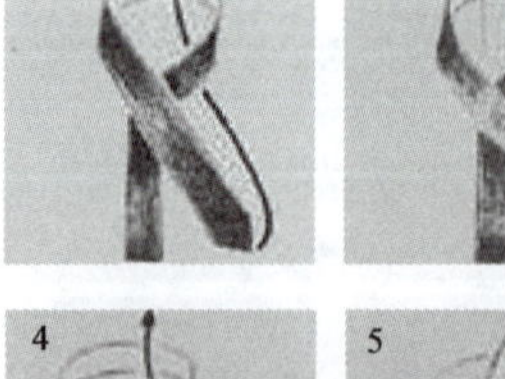
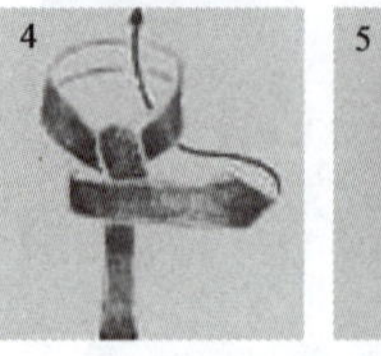
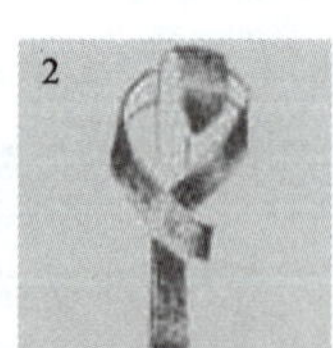
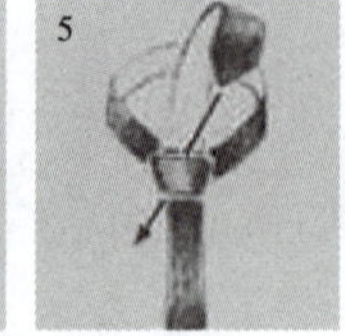
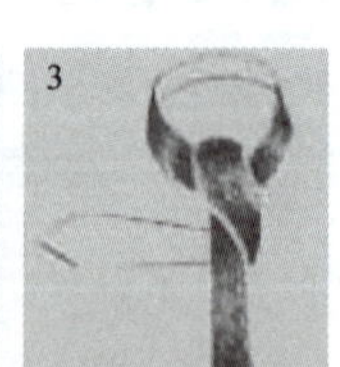
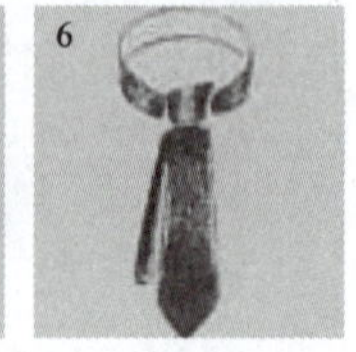

示范动作——温莎结

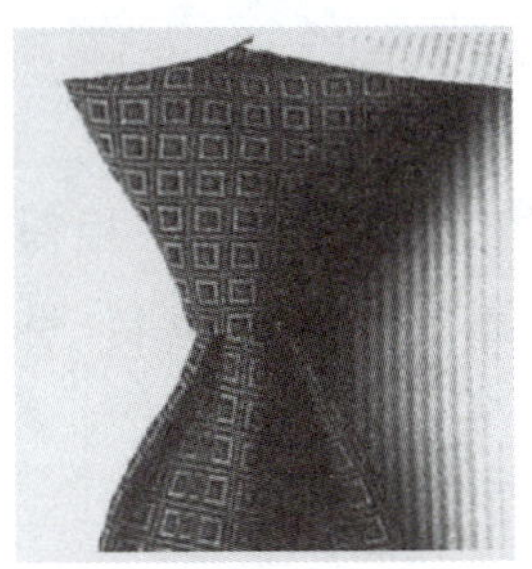

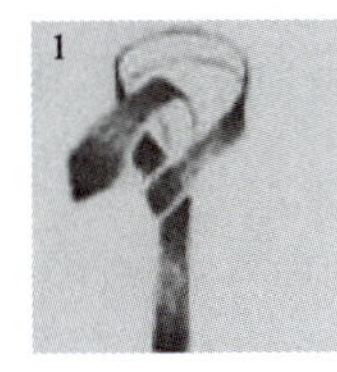

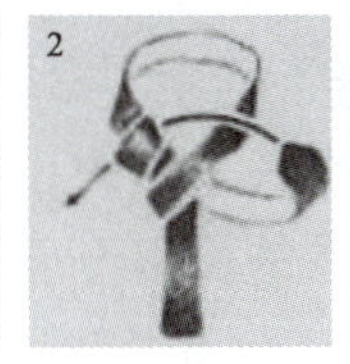

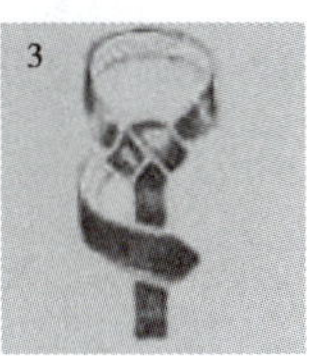

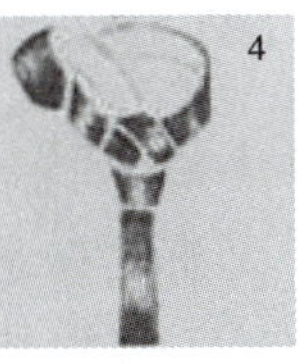

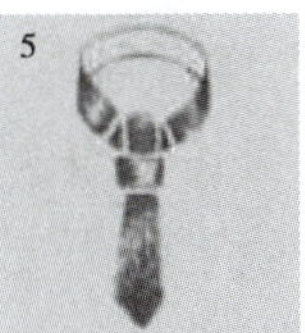

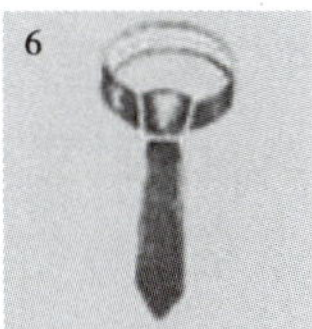

此种结形因其宽度较一般结形宽，故十分适合使用在八字领口的浪漫系列衬衫上。

示范动作——简式结（马车夫结）

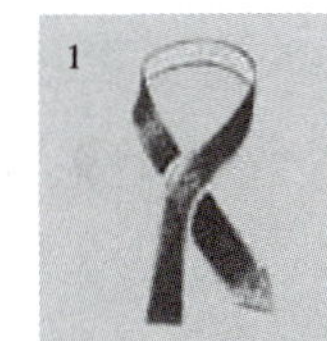

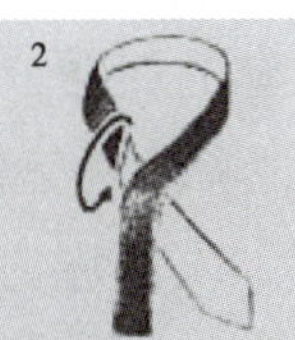

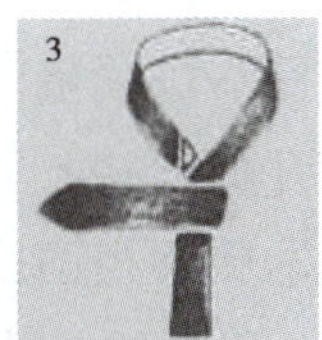

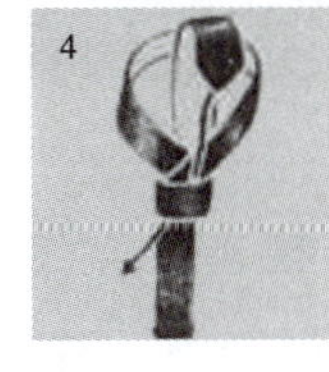

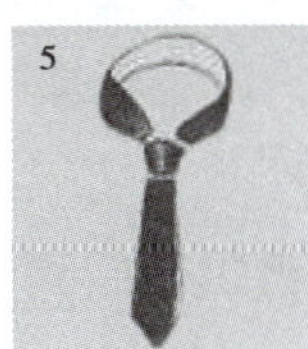

适用于质料较厚的领带，最适合使用在标准式及扣式领口的衬衫上。

示范动作——十字结（半温莎结）

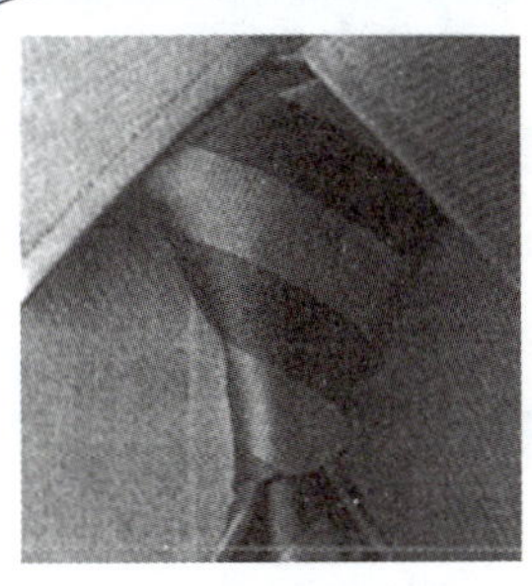

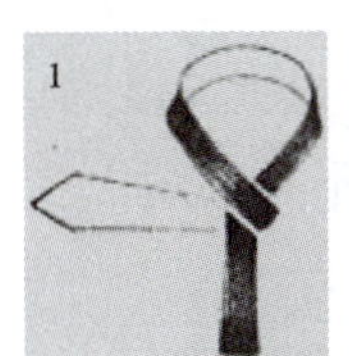

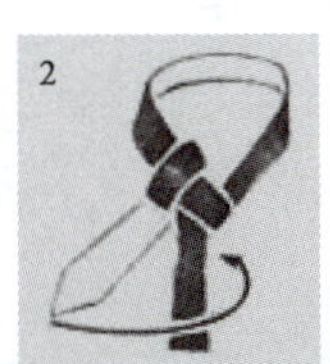

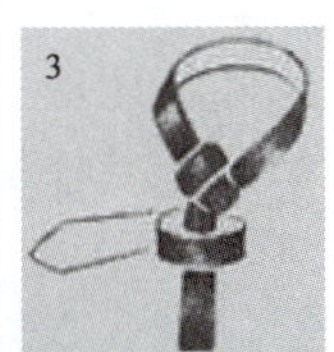

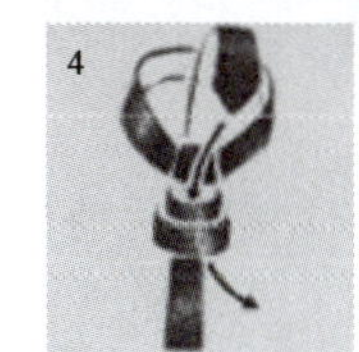

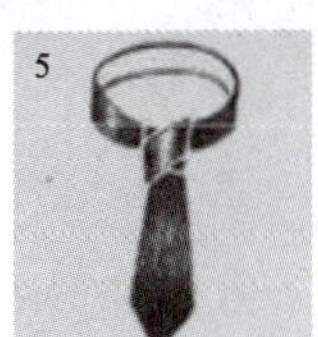

此款结型十分优雅及罕见，其打法亦较复杂，使用细款领带较容易上手。

三、女士西装套裙着装规范

有一种裙装是女士在正式场合的首选服装之一，它就是西装套裙。它把潇洒、刚健的西装上衣与柔美、雅致的裙子结合在一起，刚柔相济，相得益彰。女性饭店管理人员的服装一般是西装套裙。同样，着西装套裙也要把握着装规范。

1．大小适度，穿着到位

套裙中的裙子最长可以达到小腿中部，上衣袖长以盖住着装者的手腕为宜。无论上衣还是裙子，都不可过于肥大或包身。另外，着裙装时要认真穿好，处处到位。上衣不能披或搭在身上，裙子要穿得端端正正、上下对齐，纽扣系好，裙子拉链拉好。上衣最短可以齐腰。

大小适度，穿着到位

2．搭配适当，装饰协调

与西装套裙配套的衬衫，面料要轻薄柔软，色彩应雅致端正，以单色为宜。衬衫的色彩与所穿套裙要互相匹配，或外深内浅，或外浅内深。装饰品讲究以少为佳，合乎身份，少至不戴，多不超过三件，浓妆艳抹、珠光宝气就破坏了整体和谐。

女士内衣包括胸罩、内裤、腹带、吊袜带、连体衣、衬裙等。按服饰礼仪要求，内衣不得外露，不得外透，衬裙不可高于套裙的裙腰。鞋以黑色牛皮鞋为佳，袜子以肉色长筒连裤袜为宜。鞋袜应大小相宜无破损，袜口不可暴露于外。

3．兼顾举止，优雅稳重

着装者应注意自己的仪态，站则亭亭玉立，坐则优雅端正，行则轻盈流畅。着裙装者走路应以小碎步为宜，行进之中，步子以轻、稳为佳。

此外，还应注意：宽臀的女性应该确保上衣足够长，可以遮住臀部，使线条苗条一些；臀部很窄的女性不可穿短上衣；长外套适合腿形修长的高个女性。

技能提示

女性在穿裙装时，即使不穿袜子，也不允许穿一双高度低于裙摆，并使小腿部分暴露出来的袜子。此谓“三截腿”，不仅失礼，也无美感。

四、其他正装和便装的穿着

除了西服这种正装外，在不同的社交场合下还有其他几种正装可以选择：

1. 礼服

男士小晚礼服的式样与西装相似，黑色或者白色，单排或者双排扣，裤子一定是黑色的，左右裤脚有黑色缎带，若是黑色的上装，则衣领也应有黑色缎带。小晚礼服是最常用的晚间活动服装，参加晚宴、酒会或观看戏剧时都可以穿着。

男士的大晚礼服，就是通常说的“燕尾服”，它比小晚礼服更为正式，通常是黑色或者深蓝色的，衣领由与服装同色的缎子制成，裤子是两侧装饰有黑色缎带的黑色长裤。一般在比较正式的场合，需要穿着大晚礼服，比如国宴、隆重的晚会、授勋仪式、授奖仪式等。

男士小晚礼服

男士大晚礼服

女士的晚礼服，是指夜间穿着的正式礼服，一般是裸肩、露背、低胸的曳地长裙，强调展示女性窈窕的腰肢，突出臀部。为迎合夜晚华丽热烈的氛围，女士的晚礼服大多采用丝光绸缎、闪光缎等面料。女士的晚礼服一般是在观看歌剧、参加颁奖典礼、听音乐会时穿着。

女士的晚宴服也称为“小礼服”，通常是指午后五点以后在社交场合穿着的服装。晚宴服多为长至脚背而不拖地的露背单色连衣裙，衣袖可长可短，可以配长短不同的手套，一般不戴帽子、面纱。女士晚宴服的地位仅次于晚礼服，适合参加宴会、音乐会或者观看歌舞剧时穿着。

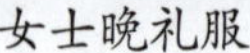
女士晚礼服

女士晚宴服

2．旗袍

旗袍原是满族人的民族服饰，随着发展和流传，逐渐也成为汉族妇女所喜爱的服装。旗袍是一件很好的礼服，可以在许多场合穿着，既不失礼仪又独具特色。

旗袍

3．便服

便服是指在日常生活的非正式场合所穿的服装，主要有夹克衫、T 恤衫、牛仔装、沙滩装、运动装等。

通常，饭店服务人员只有在工作之余才有机会穿便服。饭店服务人员平时所穿的便服，是其个人形象的有机组成部分之一。而广大饭店服务人员日常生活之中的形象，也是饭店企业形象的一种自然的延伸。因此，穿着任何便服都应做到简朴典雅、和谐统一，并注意穿着要和年龄、体型、职业和环境相协调。

男士便装

女士便装

五、饰品的佩戴

饭店服务人员在自己的工作岗位上，并非不能佩戴任何饰物。但是，佩戴饰物时，必须遵守饭店的规定。一般情况下，饭店服务人员在工作中佩戴饰物的规范主要是：符合身份，以少为佳，区分品种，佩戴有方。所谓佩戴有方，是指饰品要符合饭店的要求，要以不影响工作为前提，色彩不应太鲜艳，质地不能太豪华。

社会上流行的饰品有很多，其中某些种类通常不适合饭店服务人员在工作中佩戴，如手镯、手链、胸针、鼻环、脐环等。通常，饭店服务人员在工作中可以佩戴的饰品主要有戒指、手表和简洁的发饰。即使在社交场合中，饭店服务人员佩戴项链、耳环（耳钉）等饰品，也要根据时间、场合和需要进行选择。

1．戒指

戒指是男女皆可佩戴的首饰，通常戴在疏于劳作的左手上。在正式场合，戒指的不同戴法有固定的含义，一定要严格区分，避免失礼。一般来讲，无论男女，戒指在手指上的含义是这样的：戴在食指上，表示尚未恋爱，正在求偶；戴在中指上，表示已有意中人，正在恋爱；戴在无名指上，表示已正式订婚或已结婚；戴在小指上，则表示目前为独身状态。一般情况下，一只手上只戴一枚戒指，戴两枚或两枚以上的戒指是不适宜的。按照风俗，结婚戒指忌用合金制造，必须用纯金或白金制成，象征爱情的纯洁。选择戒指应注意和自己的手型相配，参加涉外活动时佩戴的戒指以传统式样为好。

2．项链

项链由不同的原料制成，有各种颜色、长度和造型。佩戴项链，应注意与自己的身材、肤色及服装相配。一般说来，体型较胖、脖子较短的人适宜选佩较长的项链；身材苗条、脖子细长的人则最好选佩宽粗一些的短项链，不宜再戴细长的项链。项链的颜色应与服饰、肤色有较大的对比度。饭店服务人员在工作中原则上不能佩戴项链，只能在社交活动中佩戴。

3．耳环与耳钉

耳环的种类很多，色泽形状各异。选择耳环应与自己的脸型、头型、发式、服装相配。如长脸应佩戴面积较大的扣式耳环，以便使脸部显得圆润丰满；面部较宽的方脸则宜选佩面积较小的耳环。服饰色彩比较鲜明，耳环色彩也可以艳丽一些，并应考虑两者间色彩的适当对比。一般来说，金银耳环可配任何衣服，而彩色耳环应根据配色原则与服装颜色协调搭配。饭店服务人员在工作中一般不能佩戴耳环。

耳钉多指戴在耳垂上的环状饰物。与耳环相比，耳钉小巧而含蓄，所以一般情况下，允许女性饭店服务人员佩戴耳钉。男性饭店服务人员一般不能佩戴耳钉。

4．发饰

发饰指的多是女性在头发之上所采用的兼具束发、别发功能的各种饰物，常见的有头花、发带、发箍、发卡等。女性饭店服务人员在工作时，选择发饰宜强调其实用性，而不宜偏重其装饰性。通常，头花和色彩鲜艳、图案花哨的发带、发箍、发卡，都不宜在工作时选用。工作时一般选用深色、简洁的发饰。

案例分析

制服的魅力

美国有家仅200来张床位的饭店，服务人员一律为身着黑色燕尾服的50岁以上的男性，他们为客人提供亲切周到的服务。

意大利一家经营传统意式菜肴的高级餐厅内，服务人员身着古典样式的绸衫，套一件黑色紧身小马甲，扎着黑白斜条压褶边围裙，手托十八世纪宫廷式样的银质雕花托盘，在烛光中，穿梭于客人之间。餐厅一侧的舞台上，有身着民族服装的乐手弹吉他，吹长笛。

上述饭店和餐厅服务人员的制服与环境是否协调？它们分别烘托出了怎样的氛围？

思考与练习

1. 为什么饭店服务人员要讲究仪容仪表?
2. 饭店服务人员在工作中，如何修饰自己的仪容?
3. 在设计、选择饭店制服时，应遵循哪些基本原则?
4. 什么是饭店服务人员便服?便服适用于什么场合?
5. 饭店服务人员佩戴饰品时，如何使之符合自己的身份?
6. 简述戒指佩戴的不同含义。
7. 穿西装应遵循哪些基本礼仪?
8. 女士着西装套裙时应注意符合哪些规范?

第三章 饭店服务人员言谈举止礼仪

语言是人类用来表达思想、交流感情、沟通信息的基本工具。在人际交往中，人们的某些举止也可以直接向他人传递信息，所以被称为体态语。因此，通过一个人的语言和举止，可以了解其个人素质和思想感情。在饭店服务过程中，服务人员的一言一行都体现出自身的素质，更重要的是代表着饭店的形象，是饭店服务质量的具体展现。礼貌的语言和优雅的举止会给宾客带来美好的心理感受，让宾客体会到家的温暖和亲切。

学习目标

☆掌握饭店礼貌用语的基本要求。

☆掌握饭店服务人员仪态举止的具体规范。

☆掌握饭店服务人员仪态举止的类型。

☆进行饭店服务人员仪态举止的训练。

第一节　饭店服务人员的礼貌用语

礼貌用语是指，在饭店服务过程中，表示服务人员自谦恭敬之意的约定俗成的语言及特定的表达形式。它具有体现礼貌和提供服务的双重特性，是饭店服务人员用来向宾客表达意愿、交流思想感情和沟通信息的重要交际工具，是一种对宾客表示友好和尊重的语言。

一、使用礼貌用语的必要性

随着我国饭店业的迅猛发展，饭店之间的竞争更多地体现为服务人员素质和服务质量的竞争，优质服务已成为招徕宾客的口号和手段，这就必然促使服务水准的相应提高。礼貌用语伴随着主动、热情、耐心、周到的服务，必然会受到广大宾客的欢迎和青睐。

礼貌用语是优质服务的一种体现形式。俗话说“良言一句三冬暖，恶语伤人六月寒”，这句话形象地概括了使用礼貌用语的重要性。在饭店服务过程中，服务人员恰到好处地使用礼貌用语，可以表现出本人的亲切、友好、和蔼与善意，使宾客感受到礼遇和尊敬，同时显示了饭店员工良好的文明素质和教养。使用礼貌用语，也从一个侧面反映了饭店的层次和服务水平。在服务岗位上，准确而适当地运用礼貌用语，是对饭店服务人员的一项基本要求，同时也是其做好本职工作的基本前提之一。

深入思考

俗话说“言为心声”。但饭店服务人员在工作中又不能随意表达，而必须注重礼貌用语，这和“言为心声”之间是否存在着矛盾？那么，如何让礼貌用语变为饭店服务人员的“心声”呢？

饭店服务人员在接待宾客过程中，要注意使用规范的礼貌用语。特别是接待外宾，更要注意中文和外文在语言表达上的文化差异，否则会导致误解，有时候甚至会令人难堪。礼貌规范的服务用语，标志着一家饭店的服务档次与水平。每位服务人员必须要强化外语培训，增强服务语言方面的艺术修养，只有说好每一句服务用语，才能顺利地与国内外宾客进行沟通，使宾客满意。

二、饭店服务人员礼貌用语的主要特点

饭店服务人员礼貌用语的主要特点有以下四点：

1．礼貌性

饭店服务人员在工作中，对宾客服务时说的每一句话，都应该正确地使用各种礼貌语言，使宾客受到充分的尊重。这一点在饭店服务的“五声”要求中，体现得最为明显。“五声”具体为：宾客来时有迎客声，遇到宾客有称呼声，受到帮助有致谢声，麻烦宾客有道歉声，宾客离去有送客声。

2．主动性

在饭店服务过程中，使用礼貌用语，应当成为服务人员主动而自觉的行动。只有这样，饭店服务人员在使用礼貌用语时方能做到口到、心到、意到。

3．约定性

饭店服务人员所常用的礼貌用语，在其内容与形式上，往往都有明确的要求和规定，是长久以来在服务过程中形成的。所以，对其只能完全遵从，而绝对不宜“另辟蹊径”。

4．亲切性

饭店服务人员在运用礼貌用语时，还必须力求做到亲切而自然。让宾客听在耳中，暖在心里，心领神会。那些没有情感的服务语言，会让宾客觉得是例行公事、虚情假意，也就无法产生共鸣。

三、饭店服务人员使用礼貌用语的要求

1．态度要诚恳

人们常说“言以传情，情以动人”。在饭店服务过程中，服务人员说话时的神态、表情十分重要。比如，当服务人员向宾客表示祝贺或慰问时，尽管嘴上说得非常动听，而表情却冷冰冰的，宾客一定会认为服务人员是在故作姿态。这样，宾客不但不会感激，反而会引起疑虑甚至反感。所以，使用礼貌用语必须做到态度诚恳，让宾客对服务人员产生表里一致的印象。要记住，“五声十字”是饭店服务基本的礼貌用语。

五声十字

2．用语要文雅

饭店服务人员在服务过程中，应坚持使用雅语，如用“几位”代替“几个人”，用“哪一位”

代替“谁”，用“贵姓”代替“你姓什么”，用“洗手间”或“盥洗室”代替“厕所”等。这样会使人听起来更文雅，免去粗俗感。

3．措辞要规范

饭店服务人员在工作中，用词要正确，尽量避免使用口语化的语言，也不要使用方言，以免让宾客心生异议，从而产生不必要的麻烦。

4．声音要动听

饭店服务人员在服务过程中，语音要标准，嗓音要动听，音量要适度，语调要婉转，语速要适中，增加语言的感染力与吸引力，使宾客感到亲切和自然。

5．表达要灵活

要使宾客感到满意和高兴，服务人员在使用礼貌用语时，还必须察言观色，随时注意宾客的反应。针对不同的对象、不同的性别和年龄、不同的场合，灵活地掌握不同的用语，有利于沟通和理解，从而避免矛盾的产生。例如，宾客提出的一些要求一时难以满足，服务人员可以说：“您提出的要求是可以理解的，让我来想想办法，一定尽力而为。”“可以理解”也是一种灵活、恰当的表达方式，它使提要求的宾客感到十分体面，即使无法满足宾客要求，宾客一般也会表示谅解。

案例分析

某地一家饭店的中餐厅，正值午餐时间，一个来自我国台湾的旅游团在此用餐。当服务人员发现一位70多岁的老年人的饭碗已空时，就轻步上前柔声问道：“先生，您还要饭吗？”那位老先生摇了摇头，服务小姐又问道：“那么先生您完了吗？”只见那位先生冷笑起来：“小姐，我今年虽然已经70多岁了，但自食其力，这辈子还没落到要饭吃的地步，怎么会还要饭呢？我的身体还硬朗得很呢，一下子不会完的。”服务人员顿时哑口无言。

案例中的服务人员对待宾客“轻步上前柔声问”，并用了“请问”“先生”等礼貌服务用语，为什么还是引起了宾客的不满？服务人员应该怎样做才能避免案例中的尴尬场面？

活动平台

将全班学生分成若干小组，每组学生结合自己的生活体验，说出十句人们习惯性的口头表达用语，并用礼貌语言将同样的意思表达出来，比较两者给听者心理上的不同感受。

四、饭店礼貌用语的基本类型

按照饭店礼仪规范，服务人员使用礼貌用语，往往有特定的适用场合，而在不同场合使用礼貌语言，其内容又各有特殊要求。饭店礼貌用语的类型见表 3—1。

表 3—1 饭店礼貌用语基本类型

类型	表达举例	适用场合	注意事项
问候用语	“您好”“早上好”“先生，晚上好”“晚安”等	适用于服务人员在遇到宾客时，向对方问好，致以敬意，或者表达关切之意	①服务人员应主动向宾客表达问候 ②如果宾客不止一人时，则服务人员可采取“统一问候”“由尊而卑”和“由近而远”的原则进行问候 ③不宜使用非正式的问候用语
迎送用语	“欢迎光临”“欢迎您的到来”“再见”“慢走”“走好”“欢迎再来”“一路平安”等	适用于服务人员在自己的工作岗位上欢迎或送别宾客	①欢迎用语往往离不开“欢迎”一词的使用 ②在宾客再次到来时，应尽量记得对方，以使对方产生被重视之感 ③在使用欢迎用语时，还须同时向宾客主动施以注目、点头、微笑等见面礼
请托用语	“请”“请稍候”“打扰”“劳驾”等	请求宾客帮忙或是协助工作时使用的专项用语	在服务工作中，服务人员不管是需要理解，还是寻求帮助，都要诚恳地使用请托用语
致谢用语	“谢谢”“非常感谢”等	在对客服务中，使用致谢用语，意在表达自己的感激之意	在下列情况下，服务人员应及时使用致谢用语：获得宾客帮助时；得到宾客支持时；赢得宾客理解时；感到宾客善意时；婉言谢绝宾客时；受到宾客赞美时
征询用语	“需要帮助吗”“您需要什么”“您打算预订雅座还是散座”等	适用于服务过程中，服务人员以礼貌的语言主动向宾客进行征询	以下情况下，服务人员应当采用征询用语：主动提供服务时；了解对方需求时；给予对方选择时；启发对方思路时；征求对方意见时
应答用语	“好”“随时为您效劳”“这是我的荣幸”“没有关系”等	适用于服务过程中，服务人员回应宾客的召唤，或是答复其询问时	基本的要求是：随听随答，有问必答，灵活应变，热情周到，尽力相助，不失恭敬
赞赏用语	“太好了”“十分漂亮”“您的看法（想法）非常正确”等	适用于对客交往中称道或肯定宾客时	使用赞赏用语时，讲究的主要是少而精和恰到好处。运用时，宁缺毋滥

续表

类型	表达举例	适用场合	注意事项
祝贺用语	“祝您好运”“身体健康”“新年好”“节日愉快”“生日快乐”等	在服务过程之中，服务人员有必要向宾客适时地使用一些祝贺用语	针对不同对象使用祝贺用语时内容要有差异，同时要注重它的时效性
推托用语	“您不再要点别的吗”“我们这里规定，不能随意开发票”等	适用于难以满足宾客某些要求的情况	在解释原因或是回绝对方时，一定要讲究方式方法，要做到语言得体，态度友好，理由充分，以避免宾客尴尬，淡化宾客的失望情绪
道歉用语	“抱歉”“对不起”“请原谅”“不好意思”“多多包涵”等	适用于在服务过程中，因种种原因而带给宾客不便，或妨碍、打扰对方时	表示歉意要及时，使用道歉语言要规范，切忌做得过分

五、饭店服务忌语

饭店服务人员禁止使用服务忌语。服务忌语，通常是指饭店服务中的忌讳之语，亦即服务人员在服务宾客时不宜使用，并应当努力避免使用的某些词语。

使用服务忌语的最大恶果，在于它往往出口伤人。这种伤害是相互的，在伤害了宾客的同时，也对服务人员自身形象和饭店形象造成伤害。饭店服务忌语见表 3—2。

表 3—2　饭店服务忌语主要类型

类型	举例	相关要求
不尊重之语	“老家伙”“傻子”“呆子”“侏儒”“瞎子”“聋子”“麻子”“瘸子”“肥”“矮”等	在服务过程之中，任何对宾客缺乏尊重的语言，尤其是与其身体条件、健康条件方面相关的某些忌讳，均不得为服务人员所使用
不友好之语	“你消费得起吗”“没钱还来干什么”“装什么大款”“一看就是穷光蛋”“你算什么东西”“瞧你那副德行”“我就是这个态度”等	在任何情况之下，都绝对不允许服务人员对服务对象采用不够友善，甚至满怀敌意的语言
不耐烦之语	“我也不知道”“那上面不是写了吗”“着什么急”“找别人去”“累死了”“烦死人了”等	要提高服务质量，就要在接待宾客时表现出应有的热情与足够的耐心。要努力做到：有问必答，答必尽心，百问不烦，百答不厌，不分对象，始终如一

续表

类型	举例	相关要求
不客气之语	“瞎乱动什么”“弄坏了你管不管赔”“拿零钱来”“你问我，我问谁”等	服务人员在工作之中，客气话是一定要说的，不客气的话则坚决不能说

第二节　饭店服务人员的仪态举止

饭店服务人员的仪态举止是指，服务过程中服务人员的身体呈现的各种姿势及其风度，它包括举止和表情等方面。服务人员的身体姿势是身体呈现的样子，包括站姿、坐姿、走姿、蹲姿、手势等。仪态举止是一种无声的肢体语言，反映了服务人员当时的服务心理状态和个人的内在修养。

一、站立姿态

站立姿势又称站姿或立姿。站姿是服务人员全部仪态的根本之点，采用正确的站立姿势服务是饭店服务人员的基本功之一。站姿的具体要领是头正、梗颈、展肩、挺胸、收腹、提臀、腿直、平视和微笑。站姿的种类包括正步站姿、分腿站姿、丁字步站姿和扇形站姿。

示范动作——正步站姿

动作要领：双腿并拢，两膝并严，两手自然下垂。
适用性别：男女均可。
使用场合：通常是正式场合示礼前以及各种训练前的预备姿态。

示范动作——分腿站姿

动作要领： 双腿左右分开，不超过肩宽，脚尖朝前，两腿平行，手可交叉于前腹，也可交叉于后背。

适用性别： 仅适合男性。

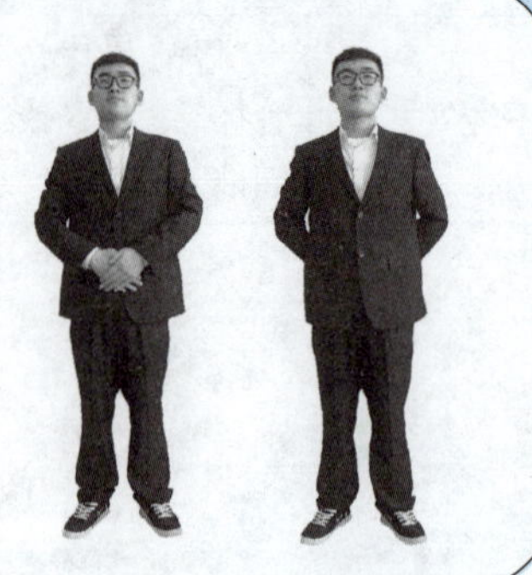

示范动作——丁字步站姿

动作要领： 两脚尖略展开，一脚向前将脚跟靠于另一脚内侧中间位置。男子可一手前抬，一手侧放；也可一手侧放，一手后放。女子可两手交叉于腹前，也可两手自然下垂。

适用性别： 男性和女性。

示范动作——扇形站姿

动作要领： 两手自然下垂两脚跟靠拢，两脚尖呈45°～60°，身体重心在两脚上。

适用性别： 男性和女性。

饭店服务人员在服务工作中，如果站姿不正确就显得姿态不雅，对宾客也是一种不尊重。服务人员要克服以下八种不良站姿：

1．身躯歪斜

如头偏、肩斜、身歪、腿曲，或是膝部不直，不但看上去不美，而且还会让人觉得该服务人员颓废消沉、萎靡不振。

2．弯腰驼背

如腰部弯曲、背部弓起、颈部弯缩、胸部凹陷、腹部挺出、臀部撅起等不良体态，显得服务人员缺乏素养，对个人和饭店形象有损害。

3．趴伏倚靠

在服务过程中，服务人员随随便便地趴在一个地方，伏在某处左顾右盼，倚着墙壁，靠在桌柜边上，或者前趴而后靠，都是不允许的。

4．双腿大叉

服务人员应切记：自己双腿在站立时分开的幅度，在一般情况下以越小越好。在可能时，双腿并拢最好，两腿分开的距离不能超过肩宽。

5. 脚位不当

服务人员在工作岗位上站立时，双脚脚尖靠在一处，而脚后跟之间却大幅度地分开成“人”字形，或一只脚站在地上的同时，将另外一只脚踩在鞋帮上、踏在椅面上、蹬在窗台上、跨在桌面上成蹬踏式。这两种脚位，看上去都是不堪入目的。

6．手位不当

服务人员在站立时不当的手位主要有：手放在衣服的口袋里，双手抱在胸前，两手抱在脑后，双肘支于某处，两手托住下巴，手持私人物品。

7．半坐半立

在工作中，服务人员为了贪图安逸，而擅自采取半坐半立之姿，会让人觉得过于随便。

8．浑身乱动

在站立时，是允许服务人员略作体位变动的，但不宜在站立时频繁地变动体位，如手臂挥来挥去，身躯扭来扭去，腿脚抖来抖去，都会使一个人的站姿变得十分难看。

技能提示

站姿训练方法

分小组进行站姿训练。一是学生进行靠墙训练，要求学生脚后跟、小腿肚、臀部、双肩、头部的后下部位和掌心靠墙。二是让学生进行顶物训练，要求学生把书本放在头顶中心，头、躯体自然保持平衡，以身体的八个方位来进行训练，可以纠正低头、仰脸、头歪、头晃及左顾右盼的毛病。三是让学生之间对照站姿标准互相指出不足，或对照镜子自己找出不足。每次训练应控制在 20 ~ 30 分钟，训练时最好配上轻松愉快的音乐来调整心情，减轻疲劳感。

站姿训练

二、行进姿态

行进姿态又称为行姿或走姿，指的是服务人员在行走时所采取的具体姿势。服务人员应当掌握的行进姿态的基本要点是：身体协调（走动时要以脚跟首先着地，双臂要在身体两侧一前一后地自然摆动），姿势优美，步伐从容，步态平稳，步幅适中，步速均匀（每分钟 60 至 100 步），走成直线。

服务人员的行进姿态可根据行走的方向和服饰的差别划分为不同的种类，具体见表 3—3。

表 3—3 服务人员行进姿态类型及注意要点

分类方式	行进姿态	注意要点
按行走的方向划分	前行式走姿	行进中若与人问候时，要同时伴随头部和上身的左右转动，微笑点头致意
	后退式走姿	当与他人告别时，应该先向后退两三步，再转身离去。禁止扭头就走
	侧行式走姿	引导时要走在宾客的左侧，身体稍向右转体，身体朝向宾客，保持两步左右的距离
	前行转身式走姿	前行左转时，左脚尖先向左转，同时迈出右脚；前行右转时，右脚尖先向右转，同进迈出左脚
	后退转身式走姿	当后退左转或后退右转时，先退行几步后，以一脚掌为轴．向另一方向转体 90°，同时迈脚
按服饰的不同分类	穿西装时的走姿	直立挺拔，以直线为主，走路的步幅可以略大些，手势要简捷、大方、明了，男子不晃肩，女子不摆胯
	穿旗袍时的走姿	穿旗袍讲究亭亭玉立，因此不能塌腰撅臀，走路时两脚和两手的摆动幅度不宜大，髋部可随着脚步和身体重心的转移稍向左右摆动
	穿裙装时的走姿	穿长裙走路时要平稳，步幅可稍大一些，头部不能快速左右转动；穿短裙时要敏捷干练，步幅不宜太大，速度可稍快些，面带微笑，轻盈灵巧
	穿平底鞋时的走姿	穿平底鞋自然随便，走路时要脚跟先着地，有一个由脚跟到脚掌过渡的过程，速度要均匀，重心平稳，给人以轻松大方的印象
	穿有跟鞋时的走姿	穿半高跟鞋走路时身体要直膝立腰，收腹收臀，挺胸稍抬头，步幅要小，脚跟先着地，两脚落地时脚跟要落在一条直线上

技能提示

行进姿态训练方法

1. 顶物训练

学生将书本类物品置于头顶训练行进姿态，可以纠正行走时低头看脚、摇头晃脑、东张西望、脖颈不直、弯腰弓背的毛病。

2. 腰训练

学生手部掐腰，上身正直，训练行进姿态，可以纠正行走时摆胯、送臀、扭腰等动作。

3. 原地摆臂训练

学生站立，两脚不动，原地晃动双臂，前后自然摆动，手腕进行配合，掌心要朝内，以肩带臂，以臂带腕，以腕带手，可以纠正双手横摆、同向摆动、单臂摆动或双手摆幅不等的现象。

4. 步位和步幅训练

在地上画出一条直线，学生行走时按要求走出相应的步位与步幅，可以纠正“八字步态”及步幅过大或过小的毛病。

三、坐的姿态

坐的姿态一般称为坐姿。它所指的是人在就座以后身体所保持的一种姿势。对饭店服务人员而言，不论是工作还是休息，坐姿都是其经常采用的姿势之一。

正确的坐姿要求服务人员必须做到“入座轻稳莫含胸，腿脚姿势须庄重，双手摆放要自然，安详庄重坐如钟”。具体要求见表3—4。

表3—4　服务人员坐姿基本要求

动作	标准	具体内容
入座	顺序	要让宾客和尊者先行入座，不可抢先就座
	方位	通常都是侧身走近座椅，从左侧就座
	体位	背对座椅，右腿后退一点，用小腿确定座椅的位置，上身正直，目视前方入座
	风度	就座时动作要轻而稳，尽量不发出任何响声干扰别人
	女子	着裙装入座时要事先从后向前双手拢裙，不可入座后整理衣裙
坐姿	头部	身体端正，双目平视，面带微笑，下巴内收
	躯干	挺拔直立，腰部内收，只坐椅子的1/2~2/3，不坐满椅子
	双手	有扶手时，可以双手搭放或一搭一放；无扶手时，女子右手搭在左手上，可相交放于腹部或轻放于双腿之上；男子双手掌心向下，可自然放于膝盖上，但不可以放在小腿之上
	腿部	男子膝盖可以分开，但不可超过肩宽；女子膝盖不可以分开；脚部因脚位不同有不同的坐姿（详见坐姿的种类）
	朝向	当与宾客进行交谈时，要注意不能只是转头，而应将整个上身朝向对方，以示对其重视和尊敬

续表

动作	标准	具体内容
离座	示意	以语言或动作向周围的人先示意方可站起，突然一跃而起会使周围的人受到惊扰
	顺序	身份不同时，宾客先离座；地位不同时，尊者先离座；地位相同时，可以同时离座
	轻稳	起身时要无声无息，不弄响座椅；站好后，方可离开，不能边离座边走开或起身就跑
	规则	要从座椅左侧离开

依照脚位和膝盖位的不同，可将服务人员的坐姿分为垂直式坐姿、标准式坐姿、曲直式坐姿、前伸式坐姿、后点式坐姿和分膝式坐姿。

示范动作——垂直式坐姿

动作要领：上身与大腿、大腿与小腿、小腿与脚部都呈直角，小腿要垂直于地面；双膝、双脚都要完全并拢。

适用性别：男女均可。

适用场合：正式场合。

示范动作——标准式坐姿

动作要领：在垂直式坐姿的基础之上，女子两脚保持小丁字步，男子两脚自然分开 45°。

适用性别：男女均可。

适用场合：各种场合。

示范动作——曲直式坐姿

动作要领：大腿与膝盖靠紧，一脚伸向前，另一脚收回，两脚前脚掌着地并在一条直线上。

适用性别：女子（坐稍低矮的椅子时尤为适用）。

适用场合：一般场合。

示范动作——前伸式坐姿

动作要领：双腿与双脚并在一起，向前伸出一脚左右的距离，按方向共有三种：正前伸式、左前伸式和右前伸式；按脚位的不同又分为三种：两脚完全并拢式、小丁字步式和踝部交叉式，脚尖不可翘起。

适用性别：女子为主。

适用场合：各种场合。

示范动作——后点式坐姿

动作要领：两腿和膝盖并紧，两小腿向后屈回，脚尖着地，按方向共有三种：正后点式、左后点式和右后点式；按脚位的不同又分为三种：两脚完全并拢式、小丁字步式和踝部交叉式，脚尖不可翘起。

适用性别：女子为主。

适用场合：适合于各种场合。

示范动作——分膝式坐姿

动作要领： 两膝左右分开，但不超过肩宽，小腿与地面垂直，两脚脚尖朝向正前方，两手自然放于两大腿之上。

适用性别： 男子。

适用场合： 一般场合。

服务人员要努力避免以下不良姿态：双腿叉开过大、架“二郎腿”、将腿放上桌椅、腿部抖动摇晃、仅脚跟接触地面、以脚蹬踏它物、以脚自脱鞋袜、以手触摸脚部、手部置于桌下、手臂支于桌上、双手抱在腿上、将手夹在腿间、上身向前趴伏、头部靠于椅背等。

技能提示

坐姿训练方法

可采取教师先示范，学生后练习的方式，训练学生的坐姿。坐姿训练的内容主要是入座、坐态和离座三方面。其中，腿位和脚位的变化是训练的主要内容。也可采取学生对镜训练法和同伴互练法进行纠正。

四、蹲的姿态

蹲的姿态也被称为蹲姿，是服务人员在低处取物、拾物时身体所呈现的姿势。优雅的蹲姿可分为三个步骤：直腰下蹲（两脚一前一后，左脚在前，右脚在后，目视物品，直腰下蹲），弯腰拾物（弯腰捡低处或地面的物品）和直腰站起（取物完毕后，先直起腰部，使头部、上身、腰部在一条直线上，再稳稳站起）。

在饭店服务中，服务人员的蹲姿有三种标准类型：

示范动作——高低式蹲姿

动作要领：下蹲后，左脚在前，右脚在后；左脚完全着地，小腿基本垂直地面；右脚要脚掌着地，脚跟提起；右膝要低于左膝，右膝内侧可靠于左上腿的内侧，形成左膝高右膝低的姿态。臀部向下，基本上以右腿支撑身体。

适用性别：男女均可。但女子应注意靠紧双腿，男子两腿之间可有适当的距离。

示范动作——单膝点地式蹲姿

动作要领：下蹲后，右膝点地，臀部坐在右脚跟之上，以右脚尖着地。左腿全脚掌着地，小腿垂直于地面。双膝同时向外，双腿尽力靠拢。这是一种非正式的蹲姿。

适用性别：男子。

示范动作——交叉式蹲姿

动作要领：下蹲后，右脚在前，左脚在后，右小腿垂直于地面，全脚着地。右腿在上，左腿在下，二者交叉重叠，左膝从后下方伸向右前侧，左脚跟抬起，脚掌着地，两腿前后靠近，合力支撑身体。上身略向前倾，臀部朝下。

适用性别：穿裙装的女子。

饭店服务人员在服务中要尽力避免以下不正确的蹲姿：

1．弯腰撅臀

这种姿势对其后面的人来说是一种失礼、不敬的行为。尤其女性服务人员穿裙装时不可采用此种蹲姿。

2．平行下蹲

这种姿势被称为“蹲厕式”蹲姿，不仅姿势不雅观，而且也是对他人的无礼。

3．下蹲过快

行进中，下蹲的速度过快，会令人产生突兀惊讶之感；下蹲的距离过近，容易造成彼此“迎头相撞”。

4．蹲歇

蹲在地上或椅子上休息是要严格禁止的，也是饭店服务的大忌。

蹲姿训练

五、手臂姿态

手臂姿态，通常称作手势或手姿。它指的是服务人员在运用手臂时所出现的具体动作与体位。服务人员在对客服务过程中要注意使用规范化的手势，要注意宾客区域性的差异，还要牢记使用手势宜少忌多的原则。

饭店服务人员的常用手势主要有六种，分别是请的手势、挥手道别、指引方向、递接物品、鼓掌、展示物品。其中，请的手势对饭店服务人员来说最常用，又可细分为横摆式、直臂式、曲臂式、斜式、双臂式五种。采用各种请的手势时，都要求服务人员目视对方，面带微笑，这样才能表示尊重和欢迎。

示范动作——请的手势（横摆式）

动作要领：手放于体侧，将五指伸直并拢，掌心不可凹陷，肘部微屈，腕低于肘。开始时，手从腹前抬起，以肘部为轴，轻缓优美地向一侧摆动，手掌慢慢翻转至掌心向上，到身体一侧稍前的地方停住，不可摆到体侧或身后。手掌与前臂在一条直线上，腕部不可弯曲，且手部与地面呈 45°，头部和上身微向前倾。

适用性别：男女均可。

示范动作——请的手势（直臂式）

动作要领：手放于体侧，将五指伸直并拢，掌心不可凹陷，肘部不可弯曲，腕低于肘。开始时，以肩部为轴向体侧摆动，手掌慢慢翻转至掌心向前，手臂与上身呈 90° 时停住，手部、腕部、臂部等均在一条直线上。

适用性别：男子。

示范动作——请的手势（曲臂式）

动作要领：手放于体侧，将五指伸直并拢，掌心不可凹陷，肘部不可弯曲，腕低于肘。开始时，以肘部为轴，前臂向前抬起至腰部高度，手掌慢慢翻转至掌心斜向上时，手臂接着转向体侧呈 45° 时停住，手掌和前臂在一条直线上，掌心向上。

适用性别：女子。

示范动作——请的手势（斜式）

动作要领： 手放于体侧，五指伸直并拢，以肘为轴，手掌翻转向上，臂向前抬起到腰部，再以肘关节为轴，前臂由上向下摆动，使手臂向下成一条斜线，掌心向前。

适用性别： 男女均可。

示范动作——请的手势（双臂式）

动作要领： 两手放于体侧，五指伸直并拢，以肘部为轴，手掌翻转向上，同时屈臂向前抬到腰部。当站在宾客的侧面时，可双臂向一侧同时摆动，即“双臂曲臂式”；当面对较多宾客时，可双臂同时向身体两侧分别摆到身体的侧前方，即“双臂横摆式”。

适用性别： 男女均可。

示范动作——挥手道别

1. 身体站直，目视对方。
2. 手臂伸直，呈一条直线，手放在体侧，向前向上抬至与肩同高或略高于肩。
3. 掌心朝向对方，指尖朝向上方，五指并拢。
4. 手腕晃动，手臂不上下或左右摆动。

示范动作——指引方向

1. 身体站稳，直臂指引，手臂伸直在一条直线上。
2. 五指并拢，手掌翻转到掌心朝上，与肩平齐，直指准确方向。
3. 目光要随着手势走，否则易使对方产生迷惑。
4. 指引方向后，手臂不可马上放下，要保持手势顺势送出几步，体现对宾客的关怀和尊敬。

示范动作——递接物品

1. 双手递送、接取物品。
2. 递送时，最好直接递至宾客手中并且要方便对方接取。
3. 接取物品时，要缓而且稳，不可急于抢取。
4. 双方相距过远时，要主动走近对方。
5. 递送带尖、带刃或其他易于伤人的物品时，应使其尖刃部位朝向自己或朝向他处，切勿朝向对方。

示范动作——鼓掌

1. 以右手掌心向下有节奏地拍击左掌，不可左掌向上拍击右掌。
2. 不可左掌向右，右掌向左，两掌互相拍击。
3. 时间长短要相宜，大约 5 ~ 8 秒钟。时间过短，有不欢迎、敷衍之意；时间过长，有讽刺、驱赶之意。

示范动作——展示物品

1. 在展示物品时，应使物品在身体的一侧展示，不宜挡住本人头部。
2. 手持物品的展示位置不同，表明意义不同。

高于双眼之处：适用于被人围观时。

位于眼睛下方，胸部上方：双臂横伸时，自肩至肘部以内时，给人以放心、稳定感；双臂伸直时在肘部以外的时候，给人以清楚感，通常在这个位置展示想让对方看清楚的物品。

位于胸部以下：给人以漠视感，通常用于展示不太重要或不太明显的物品。

饭店服务人员要掌握正确的手势，防止在服务工作中滥用指指点点、随意摆手、双臂环抱、双手抱头、摆弄手指和手插口袋等错误的手势。

六、表情神态

表情神态是指服务人员通过面部形态变化所表达的内心的思想感情。服务人员的面部表情可以给宾客以最直接的感觉和情绪体验。实践表明：在观察一个人的表情神态时，人们往往以其面部为重点，并且尤为关注其眼神与笑容的变化。

1．眼神

眼神指的是服务人员在注视时，眼部所进行的一系列活动和所呈现的神态。服务过程中，服务人员眼神的活动由注视时间、注视位置、注视角度和注视方式构成。

（1）注视时间

注视时间以双方相处时间的1/3～2/3为宜。

（2）注视位置

注视对方的双眼，但时间不宜过久；注视对方面部时，最好是眼鼻三角区，而不要聚集于一处，以散点柔视为宜；在站立服务时，一般应当以对方的全身为注视点；因为工作需要，对宾客身体的某一部分可多加注视，例如在递接物品时，应注视对方手部。

(3) 注视角度

正视对方是交往中的一种基本礼貌，表示重视对方；在服务工作中平视宾客，表现出双方地位平等与本人不卑不亢；仰视宾客时，可给对方重视、信任之感。

(4) 注视方式

服务人员在工作岗位上为多人进行服务时，通常有必要巧妙地运用自己的眼神，对每一位服务对象予以兼顾。

眼神

技能提示

眼神练习

香火训练法：点上一支香，视线集中于香头一点，并随其燃烧变化来转移视线。这种方法可以达到目光集中、眼睛明亮的目的。

盯视训练法：眼睛盯住距离两三米左右的某一物体。先选择大范围，如物体的外形，盯住两分钟，不眨眼睛，然后逐渐缩小范围，将目光集中到物体的某一部分，最后再缩小到某一点，这种方法可以达到目光集中、眼睛明亮的目的。

2. 微笑

微笑服务是服务人员最基本的礼仪要求。饭店服务人员在岗位上以微笑面对宾客，有利于创造出一种和谐融洽的现场气氛，感染对方，使其备感愉快和温暖；有利于化解服务中的矛盾和误会；有利于赢得宾客的赏识，获得良好的服务效果；有利于员工的身心健康。

微笑

技能提示

微笑练习

第一步：嘴形笑。微笑可以微微露齿，也可以笑不露齿。首先，额头肌肉进行收缩，使眉位提高，眉毛略弯曲成弯月形。其次，双颊肌肉用力向上抬起，嘴里发"一"音，用力抬高嘴角两端，但要注意下唇不要用力太大；或唇形稍弯曲，嘴角稍稍上提，双唇关闭，不露牙齿，使面部肌肤看上去充满笑意。最后，自觉地控制发声系统，一般不应发出笑声。

第二步：眼睛笑。眼睛的笑容有"眼形笑"和"眼神笑"。后者在人际交往中最能产生互动效应。其练习方法是：取一张厚纸遮住眼睛下边的部位，对着镜子，运用"情绪记忆法"，即将生活中的某些令人愉快的事情储存在记忆中，在练习微笑时反复回忆当时的事情，眼睛之中便会露出自然的微笑，然后把纸挪开，再放松面部肌肉，嘴唇恢复原样，目光中仍会保留脉脉的笑意。这就是眼神笑，它会使人感到温暖与亲切。

第三步：语言笑。要培养语言修养，以语助笑，以笑助语；使用敬语、雅语和谦语等礼貌用语时，要微笑先行，做到笑语皆美，声情并茂。

第四步：举止笑。要培养优雅的举止，以姿助笑，以笑助姿，在训练规范的站姿、坐姿、走姿、手势等行为举止时，要配合微笑，做到举止端庄，落落大方。

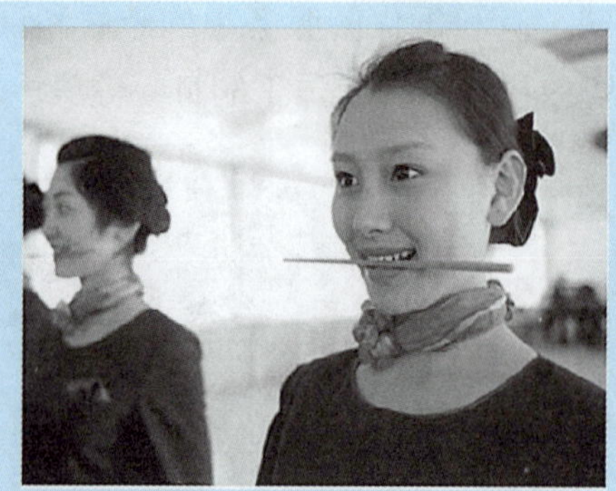

微笑训练

案例分析

永远的微笑服务

1919年，希尔顿把父亲留给他的1.2万美元连同自己挣来的几千美元投资出去，开始了他雄心勃勃的饭店经营生涯。当他的资产从1.5万美元奇迹般地增值到几千万美元的时候，他欣喜地把这一成就告诉母亲。母亲却淡然地说："依我看，你跟以前根本没有什么两样……事实上你必须把握比几千万美元更值钱的东西，除了对顾客忠诚之外，还要想办法使住过希尔顿饭店的人还想再来住，你要想出简单、不花本钱而行之有效的办法来吸引顾客，这样你的饭店才有前途。"

母亲的忠告使希尔顿陷入迷惘，他冥思苦想不得其解。于是他逛商店住饭店，以自己作为一个顾客的亲身感受，得出了"微笑服务"的答案。

从此，希尔顿实行了微笑服务这一独创的经营策略。每天他对服务员说的第一句话是："你对顾客微笑了没有？"他要求每个员工不论如何辛苦，都要对顾客投以微笑。

1930年西方国家普遍爆发经济危机，美国经济严重萧条，全美饭店倒闭了80%，希尔顿的饭店也一家接一家地亏损不堪。希尔顿并不灰心，而是充满信心地对员工说："目前正值饭店亏空，靠借债度日，但请各位记住，千万不可把愁云挂在脸上，无论饭店本身遭遇的困难如何，希尔顿饭店服务员的微笑永远是属于顾客的阳光。"经济萧条刚过，希尔顿饭店便率先进入了繁荣时期，跨入了黄金时代。

思考与练习

1. 饭店礼貌用语有哪些特点？

2. 使用饭店礼貌用语有哪些要求？

3. 常用的饭店礼貌用语有哪些基本类型？

4. 饭店服务人员站、走、坐、蹲等姿势有哪些要求？检查自己还有哪些地方需要改进？

5. 饭店服务人员在服务工作中，要克服哪些不良站姿？

6. 饭店服务人员不能滥用哪些手势？

7. 饭店服务人员在服务时，如何把握自己的表情神态？

第四章 饭店服务人员人际交往礼仪

饭店是人际交往大量集中发生的场所，每一个服务人员每天都会与同事、上级特别是大量的宾客进行广泛的接触，并且会基于服务而与宾客产生多样的互动关系。妥善地处理好这些关系，将会使宾客感到被尊重、被看重、被优待。宾客这一感受的获得将会对保证饭店经营的持续兴旺和饭店品牌的宣传起到不可估量的作用。掌握一般的人际交往礼仪有助于饭店服务工作的顺利开展和为宾客提供优质的服务，也有助于服务人员在人际交往中显示自己的风度，增添个人的魅力。

学习目标

☆掌握饭店服务人员的对客交往礼仪。

☆掌握饭店服务人员与饭店员工交往的礼仪要求。

☆掌握饭店服务人员提高沟通技巧的方法。

☆进行饭店服务人员交往礼仪的训练。

第一节　饭店服务人员对客交往礼仪

在饭店中，“服务即交往，交往即服务”。饭店服务人员应该以和蔼、谦恭的态度服务宾客，以恰当、适时的礼仪对待宾客，让宾客经历轻松愉快的人际交往，从而体会和感受饭店温情的服务。

一、见面礼仪

见面礼仪是指在见面时使用频率较高的礼节。饭店服务人员正确、合乎规范地施行这些礼仪，可以有效地表达对宾客的友善和敬意，给宾客留下良好的第一印象。

1．称呼礼仪

在饭店服务中，恰当的称呼，既反映了宾主之间的相互关系，又显示出服务人员良好的修养和风度。一句恰如其分的称呼，还会拉近宾主之间的距离和关系。称呼礼仪具体见表4—1。

表4—1　称呼礼仪

称呼类型	称呼方式
性别称呼	在不知宾客姓氏、职务、职业的情况下，可使用泛指称呼。例如，称男士为“先生”，称女士为“小姐”或“夫人”等。我国也有称“同志”的习惯。对身份高的女性也可称“先生”
姓氏称呼	如已经知道对方姓氏或姓名，尽可能用姓氏称呼宾客，例如“张先生”“丁小姐”等，以显示对宾客的尊重，并使宾客有一种亲切感
职务称呼	在已经知道对方姓氏或姓名的基础上，又知道宾客职务，最好使用职务称呼，如“张总经理”“王处长”等。这样可以使宾客产生一种地位感、成就感和自身价值的认同感
职业称呼	在已经知道对方姓氏或姓名的基础上，又了解宾客职业，最好使用职业称呼，如“林医生”“孙老师”或“陈律师”等
头衔称呼	对地位高的人士，如部长以上的高级官员，可称其为“总理阁下”“部长阁下”或“大使先生”；如是博士，可称其为“博士先生”；如是教授可称其为“张教授”，这样可以使宾客尊贵的身份得以体现

续表

称呼类型	称呼方式
亲昵称呼	关系密切的宾主之间，可使用亲昵称呼，如“大伯”“叔叔”“阿姨”等
代词称呼	在对客服务中，有时可以直接称呼宾客“您”或“您们”，以示尊重

深入思考

饭店里经常会碰到若干位宾客走在一起的情况。如果服务员同时遇见两三位宾客，应该怎样称呼？如果同时遇见的宾客更多呢？

知识链接

港澳台和国外宾客的姓名知识

在我国港、澳、台地区，女性结婚后，往往在自己的姓之前还要加上丈夫的姓。如华国岚小姐嫁给钱钟海先生后，她的姓名即为钱华国岚，这时，一般人应当称她为钱太太。

俄罗斯人的姓名一般由三个字节组成。姓名的排列顺序通常是本人名字、父亲的名字、家族的姓。未婚女性用父姓，已婚女性用夫姓，父亲和本人名字不变，口头称呼一般可只称姓或名。为了表示对对方的尊重时，也可称名字和父名。

日本人的姓名排序方式是姓在前，名在后，这与我国的姓名排序是完全相同的。但日本人的姓的字数却普遍比我国汉族人的姓的字数要多，如岗村、田中、山口等，都是日本人的姓。对日本人一般可只称姓，熟人间也可只称名。对男士为表示尊重、文雅，可在姓后加“君”，如称岗村角荣为“岗村君”，称福田纠夫为“福田君”。由于日本人的姓与名之间的搭配情况比较复杂，饭店服务人员在接到名单时应事先向熟悉情况的人了解情况，以免称呼时失礼。

英美人姓名的排序方式是名在前，姓在后。例如，威廉·肯尼迪（William Kennedy）中，威廉是名，肯尼迪是姓。有的英美人的姓名由三个字节组成。与两个字节姓名的不同点是，中间的一个字节是教名。女性结婚，一般都不再用自己的姓，而改为丈夫的姓。口头称呼英美人的姓名时，除正式场合外，一般只称姓。在非正式场合，很要好的朋友之间可以只称名。书写英美人的姓名时，可把名字缩写，但姓不能缩写。

2．介绍礼仪

介绍礼仪是人际交往中经常使用的，便于双方沟通和了解，从而建立相识关系的一种礼节。介绍包括自我介绍和介绍他人。

称呼的禁忌

1. 无称呼

切记，在饭店服务活动中不称呼宾客就直接开始谈话是非常失礼的行为。

2. 错误的称呼

一是误读，即念错对方的姓名。为了避免这种情况的发生，对于不认识的字，事先要有所准备；如果是临时遇到，就要谦虚请教。二是误会，主要是对被称呼者的年纪、辈分、婚否以及与其他人的关系做出了错误判断，如将未婚妇女称为“夫人”。

3. 使用地方性称呼

有些称呼，具有很强的地方色彩。如北京人爱称人为“师傅”，山东人爱称人为“伙计”，但是在南方人听来，“师傅”等于“出家人”，“伙计”肯定是“打工仔”。

4. 使用不适当的俗称

有些称呼不适合用于服务场合，切勿使用，如“兄弟”“哥们儿”，使用这类称呼，会让人感觉档次不高，缺乏修养。

（1）自我介绍

自我介绍时要讲清楚自己的姓名、身份、单位，也可交换名片。确定自我介绍的具体内容，要兼顾实际需要、所处场景，要具有鲜明的针对性，不要“千人一面”。有时可以把自己的姓名同名人的姓氏或常用名词相结合，以增强别人的印象。比如，姓名是“周英”的，就可以介绍为：周总理的“周”，英雄的“英”。

（2）介绍他人

在为他人做介绍时，可以遵循这样的顺序：把年轻的介绍给年长的；把职务低的介绍给职务高的。如果介绍对象双方的年龄、职务相当，就要遵从“女士优先”的原则，即把男士介绍给女士；对于同性之间，可以根据实际情况灵活掌握，比如介绍双方职务有高有低的时候，可以把职务低的介绍给职务高的；也可以从左向右或从右向左介绍等。

为别人介绍之前不仅要征求被介绍双方的意见，在开始介绍时还应先做一些铺垫，不要开口即讲，让被介绍者措手不及。为他人介绍时，最好先说一些“请让我来介绍……”或“请允许我向您介绍……”之类的介绍词。开始介绍时，被介绍者双方都应该起身站立，面含微笑，大大方方地目视介绍者或对方。当介绍者介绍完毕后，被介绍者双方应依照合乎礼仪的顺序进行握手，彼此问候对方，也可以互递名片。

不论是给别人做介绍还是自我介绍，被介绍双方态度都应谦和、友好、不卑不亢，切忌傲慢无礼或畏畏缩缩。

3．握手礼仪

握手是人们见面和离别时的礼节。此外，它还可成为感谢、慰问、祝贺或相互鼓励的表示。握手的力量、姿势和时间的长短往往能够表达出对握手对象的不同礼遇和态度，显露自己的个性，给人留下不同印象。人们也可通过握手了解对方的个性，从而赢得交往的主动。

示范动作——握手

姿态： 距对方约一步远，上身稍向前倾，两足立正，伸出右手，四指并拢。双方虎口相交，拇指张开下滑，握住对方的手，可上下轻晃几下。

力度： 适中，不要太用力或太轻。与女士握手应相对轻些。

时间： 一般3～5秒，如要表示真诚和热烈，可稍延长。

长辈和晚辈之间握手，长辈伸手后，晚辈才能伸手相握；上下级之间握手，上级伸手后，下级才能接握；男女之间握手，女方伸手后，男方才能伸手相握；当然，如果男方为长者，则应男方先伸手。如果需要和多人握手，握手时要讲究先后次序，即先年长者后年幼者，先长辈后晚辈，先教师后学生，先女士后男士，先已婚者后未婚者，先上级后下级。

4．其他见面礼仪

在国内外交往中，除握手之外，以下见面礼仪也很常见。

（1）点头礼

点头礼又称颔首礼，它所适用的情况主要有：遇到熟人，在会场、歌厅、舞厅等不宜交谈之处，在同一场合碰上已多次见面者，遇上多人而又无法一一问候的。具体做法是头部向下轻轻一点，同时面带笑容，不要反复点头不止，点头的幅度也不必过大。

技能提示

握手的注意事项

1. 不要用左手相握，尤其是和阿拉伯人、印度人打交道时要牢记，因为在他们看来左手是不干净的。

2. 在和基督教信徒交往时，要避免两人握手时与另外两人相握的手形成交叉状，这种形状类似十字架，在他们眼里这是很不吉利的。

3. 握手时不应戴着手套或墨镜，只有女士才被允许在社交场合戴着薄纱手套握手。男士握手时应脱帽。

4. 握手时，另外一只手不应插在衣袋里或拿着东西。

5. 握手时不应面无表情、不置一词或长篇大论、点头哈腰，过分客套。

6. 握手时不应仅仅握住对方的手指尖，好像有意与对方保持距离。正确的做法是握住整个手掌，即使对异性也应这样。

7. 不要在握手时把对方的手拉过来、推过去，或者上下左右抖个没完。

8. 不要拒绝握手。如果有手疾或手湿、手脏，也要向对方道歉并适当解释，以免造成不必要的误会。

（2）举手礼

行举手礼的场合，和行点头礼的场合大致相似，它最适合向距离较远的熟人打招呼。行举手礼的做法是：右臂向前方伸直，右手掌心向着对方，其他四指并齐、拇指叉开，轻轻向左右摆动一两下。手不要上下摆动，也不要在手部摆动时用手背朝向对方。

（3）脱帽礼

戴着帽子的人，在进入他人居所，路遇熟人，与人交谈、握手或行其他会面礼，进入娱乐场所，升挂国旗，演奏国歌等情况下，要主动地摘下自己的帽子。女士在社交场合可以不脱帽子。

（4）注目礼

注目礼的具体做法，是起身立正，抬头挺胸，双手自然下垂或贴放于身体两侧，笑容庄重严肃，双目正视于被行礼对象，或随之缓缓移动。在升国旗、游行检阅、剪彩揭幕、开业挂牌等情况下，适用注目礼。

（5）鞠躬礼

鞠躬礼目前在国内主要适用于向他人表示感谢、领奖或讲演之后、演员谢幕、举行婚礼或参加追悼活动等。鞠躬的次数，喜庆的场合下，不要鞠躬三次，一般追悼活动时才用三鞠躬的礼仪。在日本、韩国等国，鞠躬礼应用十分广泛。

示范动作——鞠躬

行鞠躬礼时，应脱帽立正，双目凝视受礼者，然后上身弯腰前倾，弯腰的幅度越大，所表示的敬重程度就越大。

女士的双手下垂搭放在腹前，男士双手应贴放在身体两侧裤线处

(6) 合十礼

合十礼，就是双手十指相合为礼。行合十礼时，可以口颂祝词或问候对方，也可以面含微笑，但不应该手舞足蹈，反复点头。在东南亚、南亚信奉佛教的地区，以及我国傣族聚居区，合十礼普遍使用。

示范动作——合十礼

- 双掌十指在胸前相对合，五指手指并拢向上。
- 掌尖与鼻尖基本持平，手掌向外侧倾斜。
- 双腿立直站立，上身微欠低头。
- 合十的双手举得越高，越体现出对对方的尊重，但原则上不可高于额头。

(7) 拥抱礼

在西方，特别是在欧美国家，拥抱礼是十分常见的见面礼和道别礼。在人

们表示慰问、祝贺、欣喜时，拥抱礼也十分常用。

正规的拥抱礼，讲究两人面对面站立，各自举起右臂，将右手搭在对方左肩后面；左臂下垂，左手扶住对方右腰后侧，首先各自向对方左侧拥抱，然后各向对方右侧拥抱，最后再一次各自向对方左侧拥抱，一共拥抱 3 次。

普通场合不必这么讲究，拥抱次数一次、两次、三次都行。在我国，除某些少数民族外，拥抱礼不常采用。

（8）亲吻礼和吻手礼

亲吻礼是一种西方国家常用的会面礼。它会和拥抱礼同时采用，即双方会面时既拥抱，又亲吻。行亲吻礼时，通常忌讳发出亲吻的声音，而且不应将唾液弄到对方脸上。在行礼时，双方关系不同，亲吻的部位也会有所不同。长辈吻晚辈，应当吻额头；晚辈吻长辈，应当吻下颌或面颊；同辈间，同性贴面颊，异性吻面颊。贴面颊的时候，先贴一次右边，再贴一次左边。

吻手礼主要流行于欧洲国家。做法是：男士走到已婚妇女面前，首先垂首立正致意。然后以右手或双手捧起女士的右手，俯首以自己微闭的嘴唇，象征性地轻吻一下女士的手背或手指。吻手礼的受礼者只能是已婚妇女，手腕及其以上部位是行礼时的禁区。

二、日常交往礼仪

日常交往礼仪是饭店服务人员对宾客服务中所具有的表示尊重、敬意、亲善和友好的行为规范与惯用形式。

1．名片礼仪

名片的使用已成为人际交往的一种重要手段。名片是一个人身份和地位的象征，是一个人尊严和价值的一种外显方式，也是使用者要求社会认同、获得社会理解与尊重的一种方式。饭店服务人员要了解和掌握递送、接收、保管名片的礼仪。

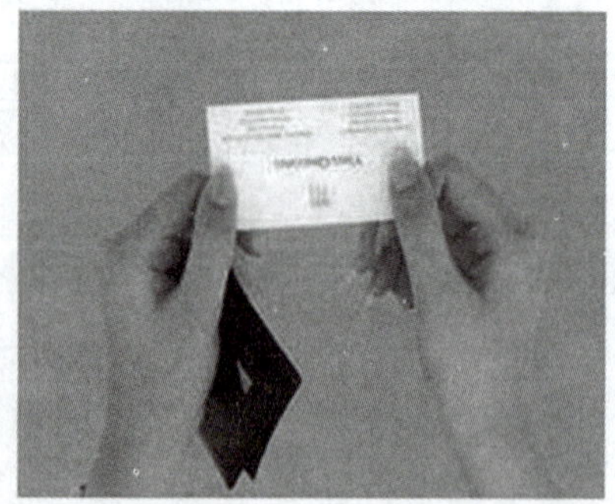

交换名片

（1）携带名片

随身携带的名片应使用较精致的名片夹盛装，在着西装时，名片夹只能放在左胸内侧的口袋里。不穿西装时，名片夹可放于自己随身携带的小手提包里。将名片放置于其他口袋，甚至后侧裤袋里是一种很失礼的行为。

（2）递接名片

大多数情况，递送名片和接收名片的动作如下所示。需要注意的是，日本人喜欢右手送自己的名片，左手接对方的名片。

示范动作——递接名片

递送名片： 应面带微笑，注视对方，将名片正对着对方，用双手的拇指和食指分别持握名片上端的两角送给对方，如果是坐着的，应当起立或欠身递送。

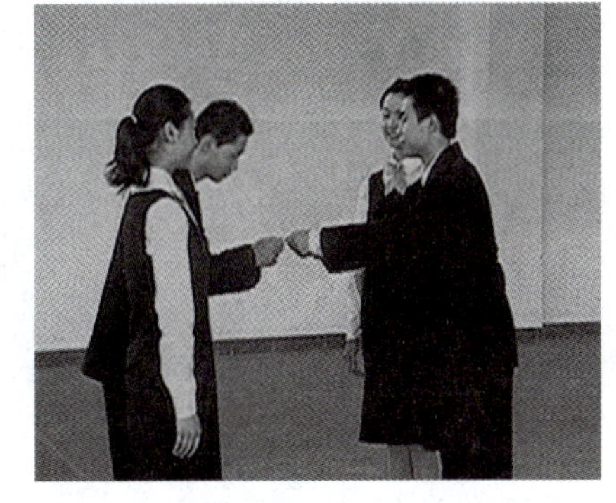

接收名片： 应尽快起身或欠身，面带微笑，用双手的拇指和食指接住名片的下方两角，并表示谢意。女士接收名片时可稍随意。

向对方递送名片时，可以说“我叫某某，这是我的名片，请笑纳”或“我的名片，请你收下”之类的客气话。

接收他人递过来的名片时可视情况说“谢谢”或“能得到您的名片，真是十分荣幸”等。名片接到手后，应十分珍惜，切不可在手中摆弄，应认真看一下，千万不要随意放在桌上，或随便拎在手上，或者放在手中搓来揉去。如果是初次见面，最好是将名片上的重要内容读出声来。读名片时，要注意语言轻重，需要重读的主要是对方的职务、头衔、职称等。如果对方的组织名气大或个人的知名度高，可只重读组织名称或对方姓名。

（3）名片递送顺序

名片的递送顺序没有太严格的礼仪讲究。但是，一般是地位低的人先向地位高的人递名片，男性先向女性递名片。当对方不止一人时，应先将名片递给职务较高或年龄较大者；如分不清对方职务高低和年龄大小时，则可先和自己对面左侧方的人交换名片。

（4）无名片时的致歉

当对方递来名片时，如果自己没有名片或没带名片，应当首先向对方表示歉意，再如实说明理由。如“很抱歉，我暂时没有名片”或“对不起，今天我带的名片用完了，过几天我会亲自寄一张给您”。

案例分析

某地举办春季商品交易会，各方厂家云集，企业家们济济一堂，华新公司的李总经理在交易会上听说B集团的崔董事长也来了，想利用这个机会认识这位素未谋面又久仰大名的商界名人。午餐会上他们终于见面了，李总经理彬彬有礼地走上前去：“崔董事长，您好，我是华新公司的总经理，我叫李明，这是的名片。”说着，便从随身带的公文包里拿出名片，递给对方，崔董事长显然还沉浸在之前与人的谈话中，他顺手接过李明的名片，草草地看了看，放在了一边的桌子上，李总经理在一旁等了一会儿，并未见崔董事长有交换名片的意思，便失望地走开了。

案例中，崔董事长的做法有什么不妥？

2．电梯礼仪

饭店对于服务人员使用电梯一般都有严格的规定。原则上，服务人员在工作期间应使用员工电梯，只有在迫不得已的情况下，才可使用客用电梯。不管乘什么类型的电梯，服务人员都应该遵守电梯礼仪。电梯礼仪包括出入电梯的顺序和电梯乘坐礼仪。

与同事共乘，进入电梯时要讲究先来后到，出来时要由外及里依次而出，不能推推搡搡，匆忙出入。

与宾客共乘，当电梯有专人看管时，服务人员要礼让宾客，即服务人员后进后出，宾客要先进先出。当电梯无专人看管时，服务人员要先行一步控制电梯，优先考虑宾客进出、乘坐方便，保证宾客安全，即服务人员先进后出，宾客要后进先出。无论电梯有无专人看管，服务人员在电梯内都要热情地与宾客打招呼。

技能提示

乘坐电梯注意事项

1. 当电梯关门时，不可扒门，强行挤入。
2. 当电梯超载时，要礼让他人，暂时下梯，耐心等待下一班。
3. 当电梯内人员较多时，要尽量朝向电梯门方向站立，不与他人面对面而立。
4. 不要在电梯内凝视他人。
5. 需要先下电梯时，要提前礼貌地请他人让路，不可用手推拨人群。
6. 自觉维护电梯内环境。电梯内绝对禁止吸烟，不宜大声说话。
7. 当电梯出现故障时，要冷静、镇定，想方设法与外界联络。

案例分析

一天，一位宾客乘坐饭店观光电梯准备下到大堂。当电梯行至饭店行政办公楼层时，走进两名着饭店制服，正准备去参加每月生日会的员工。两名员工边聊边随手按了一下电梯按钮。但随即发现错按了五楼的按钮，而员工生日会通常在三楼或二楼举办。于是改按了三楼的按钮。当到达三楼，电梯门打开后，员工发现三楼好像没有来参加生日会的人，于是又按了二楼的按钮。员工的行为引起一同乘坐电梯的宾客不快，当电梯到达大堂后，宾客向大堂副理投诉了这两名员工。

宾客为什么要投诉这两名员工？两名员工的行为违背了哪些规定和礼仪？如果你是饭店的服务人员，要参加员工生日会，你应该怎样到达指定的楼层？设想一些特殊情况，使你必须乘坐观光电梯到达指定楼层，你应怎样对待同梯的宾客？

三、电信礼仪

电信礼仪，通常指利用电话、传真、电子邮件和手机等通信手段时，所应遵守的礼仪规范。

1．电话礼仪

电话是现代通信工具之一，具有简便、快速的特点。它不仅是一种通信手段，也成了一种联系和交际的方式。因此，饭店服务人员在接打电话时都应注意电话礼仪。

（1）打电话

选择适当的通话时间，白天应在上午8点以后，假日最好在上午9点以后，夜间则应在晚上10点以前，以免影响对方休息。与国外通话，还应务必注意时差和生活习惯。电话接通后，要主动询问现在通话是否合适，有无妨碍。

查清对方的电话号码，并正确拨号。如弄错了，应向接电话者表示歉意，不可将电话挂断了事。拨号以后，如只听铃响，没有人接，应耐心等待片刻，待铃响六七次后再挂断。否则，如对方正巧不在电话机旁，待匆匆赶来时，电话已挂断，这也是失礼的。

电话接通后，可以先核对对方的单位或电话号码，然后再提出请受话人接听。这里，一定要用"您好""请问"等礼貌用语。当对方询问来电者名字时，一般应礼貌告知。如受话人不在，可请对方转告，或过后再打电话。

（2）接电话

电话铃响后，应尽快接听，不要故意延误。若铃响三遍后再接听，要说声"对不起"或"让您久等了"。

接听电话应先自报家门，然后请问对方找谁。接听者切忌自己什么都不说，只是一味询问对方"你叫什么名字""你是哪个单位的""你找他有什么事"等，这是极不礼貌的。

知识链接

电话用语对比

不恰当的电话用语	恰当的电话用语
喂	喂，您好
找谁呀	您好，请问您找哪位
我找 ×××	麻烦您帮我找一下 ×××
他不在这儿	对不起，他不是这个部门的，他的电话是 ××××××
他不在	对不起，他现在不在，有事需要我转告吗 对不起，他现在不在，请您过会儿再打过来
有事吗	请问您有什么事
这样不行	对不起，这样恐怕不行
没听清，再说一遍	对不起，刚才没听清，麻烦您再说一遍
大声一点	对不起，声音能再大一点吗
打错了	对不起，您打错电话了
清楚了吗	我刚才说的您听明白了吗，要不要我再说一遍

接听以后，如自己不是受话人，应负起代为传呼的责任。但不能在听筒尚未放下时，就大声叫受话人来接听电话，这样做，显得缺乏教养。如果受话人正忙着，不能马上接电话，应该重新拿起电话让对方稍等。如要找的人不在，不能把电话一挂了事，而要耐心地询问对方姓名和电话号码，以及是否需要转告相关事宜，在征得同意后详细记录下来。

电话联络一般由发话人先结束谈话。如对方话还未讲完，受话人先挂断电话，则是失礼的行为。

2．传真礼仪

传真是利用光电效应，通过安装在普通电话网络上的传真机，对外发送或是接收外来的文件、书信、资料、图表、照片真迹的一种现代化的通信联络方式。使用传真的礼仪包括发送传真和收到传真两个方面。

（1）发送传真时，一般不可缺少必要的问候语与致谢语。发送文件、书信、资料时，更是要谨记这一条。

（2）收到传真后，应当在第一时间内即刻采用适当的方式告知对方。需要办理或转交、转送他人发来的传真时，千万不可拖延时间，耽误对方的事情。

3．电子邮件礼仪

电子邮件是利用电子计算机所组成的互联网络，向交往对象发出的一种电子信件。使用电子邮件应当遵守的礼仪规范主要包括以下三个方面：

（1）电子邮件应当认真撰写，主题要明确，语言要流畅，内容要简洁。

（2）电子邮件应当避免滥用，若无必要，轻易不要向他人乱发电子邮件。收到他人的重要电子邮件后，要立刻回复对方。

（3）电子邮件应当慎选功能。目前的软件，支持在电子邮件中使用多种字体和多种信纸的底纹。这固然可以强化电子邮件的个人特色，但是此类功能必须根据不同的邮件内容和收信者选择使用。

4．手机礼仪

在手机越来越普及的今天，手机的使用也必须讲究礼仪：

（1）在公共场所，特别是电梯、餐厅内等非正式场合使用手机时，应尽量压低声音。

（2）在工作期间，除公关人员、销售人员等有关人员可使用手机工作外，其他服务人员禁止使用手机。

（3）会议中或观看演出（或电影）时最好把手机关掉，如确有需要，应调成震动模式。

（4）会议中或观看演出（或电影）时，若临时有使用手机的必要，应轻轻离开会场（演出现场）后再操作。

深入思考

服务人员小王认为：在会议中或看电影时不能使用手机是怕铃声和通话的声音影响他人，因此只要关闭来电铃声，发几条短信是可以的。

他的观点是否正确？你对此有何看法？

第二节　饭店服务人员对内交往礼仪

融洽的人际关系是促进工作顺利开展的重要因素之一。饭店服务人员在做好对客服务工作的同时，也要注重搞好与上级领导、下级员工和同事之间的关系。要注重与人相处的技巧，讲究待人礼仪，有效改进人际交往方面的不足，建立融洽的人际关系，为工作的顺利开展打下良好的基础。

一、与上级交往的礼仪

在饭店工作中，服务人员恰当处理与上级领导的关系，能赢得上级的好感、赏识和帮助，有利于自己做好工作，取得进步。

1．礼仪要求

（1）尊重上级

在饭店中，要搞好饭店服务工作，就必须树立和维护上级的权威，确保有令必行。不能因个人恩怨而泄私愤、图报复，有意同上级唱反调，有意损害其威信。

（2）支持上级

只要有利于饭店的发展，有利于做好服务工作，就要积极主动地支持上级，配合上级开展工作，“一切行动听指挥”。

（3）理解上级

饭店服务人员在工作中，应尽可能地替上级着想，为领导分忧。

（4）与上级保持应有的距离

不管自己同上级的私人关系有多好，在工作中都要公私分明。在饭店内，同上级关系过分亲密是很犯忌的。

（5）对上级不卑不亢

不要有意跟上级“套近乎”，对上级溜须拍马，也不要走另一个极端，不把上级放在眼里。上下级关系是一种工作关系，饭店服务人员作为下属时，应当安分守己。

2．交往禁忌

（1）绝对服从

对上级的意见不管正确与否都唯命是从，缺乏自己的判断。

（2）投其所好

对上级察言观色，仰人鼻息，缺乏自己的主见。

（3）遇事对抗

跟上级产生抵触情绪，采取排斥、抗拒行为，甚至经常和上级发生矛盾冲突。

（4）评头论足

对上级的指示虽然执行，但不管指示是否正确，总爱挑三拣四，评头论足。经常采取此种行为，不仅会使上级产生厌烦心理，而且会在下级中引起不良倾向。

以上种种行为不管其动机如何，就其后果来看，都会影响与上级的关系。虽然有的交往方式个人会获取一时之利，但是从长远的角度看，对饭店、对上级、对自己都有害而无利。

深入思考

饭店服务人员小李刚参加工作，因为业务不熟练，经常受到领班的批评，小李也很委屈，觉得自己很尽力了，因此，他常常在同事面前抱怨领班不公。

小李这种处理与上级关系的做法正确吗？你如果遇到这样的情况，准备如何解决问题？

二、与下级交往的礼仪

饭店的基层服务人员要与新员工和实习生打交道，相对新员工和实习生而言，有经验的服务人员就是业务领导，从工作关系来看，服务人员有责任和义务帮助和指导下级员工。在与下级员工交往过程中，饭店服务人员也要掌握一定的技巧，注重待人礼仪：

1．多要求自己，少埋怨他人

饭店服务人员在与下级员工交往过程中，沟通是否顺畅关键在于自己是不是有一个良好的心态，而不能老是怨天尤人。

2．多平等相待，少谋求特殊

有经验的服务人员在与新员工和实习生相处时，要同甘苦、共努力，加强沟通和信任，从而赢得尊敬与支持。

3．多给予信任，少施加压力

信任是待人的基本前提和原则，对下级员工要多鼓励、多支持，要坦诚相见，以诚待人。

4．多加关心，少予冷淡

要从人格上保护下级员工的自尊心，在工作上多督促，少讽刺；多体谅，少武断；多引导，少指责。在生活上关心下级员工，体现人情味。

三、与同事交往的礼仪

交往礼仪中有一个重要的“三 A 原则”（接受“Accept”、重视“Attention”、赞同“Agree”）。就是要以自身的实际行动，去接受对方，重视对方，赞同对方。为了获得更好的交往效果，饭店服务人员在与同事的交往中，要注意以下礼仪：

1．不要言而无信

言而无信，只是图了一时的方便和嘴上的痛快。长远地说，失去了别人的信任，就失去了最大的资本。

2．不要恶语伤人

当对方脾气一触即发时，要临时回避，使对方逐步消火。回避并不等于“妥协”，而是给对方冷静思考的机会，同时也证明了自身的修养。

3．及时沟通，消除矛盾

矛盾很难避免，最好是在矛盾发生之前或之后，双方坐下来进行冷静的交流，借以消除双方的误解或矛盾。不要随便发怒。发怒容易伤了彼此的和气。遇事要冷静思考，学会“换位”思考，冷静地站在对方的角度考虑问题。

4．不要传流言蜚语

在背后传流言蜚语的做法，不仅会伤害同事间的情谊，甚至会造成反目成仇的后果，同时也反映出低下的品格。所以要做到：不干涉别人的隐私，不传播小道消息，对别人的过失不要幸灾乐祸。

5．不要开过分的玩笑

开玩笑是常有的事，但要适度。可以从几个方面来把握：性格开朗、大度的人，稍多一点玩笑，可以使气氛更加活跃；拘谨的人，少开甚至是不开玩笑；异性，特别是对于女性，开玩笑一定要适当；不要拿别人的姓名开玩笑或是乱起绰号、乱叫绰号。

第三节　饭店服务人员沟通技巧

良好的沟通能力是饭店服务人员应具备的基本素质。掌握一定的沟通技巧，将使服务人员在服务和工作中更好地与宾客和同事交流。

一、语言沟通

语言沟通是人际交往中传递信息的重要手段。它是一个服务人员知识、阅历、智慧和教养的真实体现。语言沟通也是交流思想情感、增进友谊的重要纽带，是建立良好人际关系的重要途径。语言沟通不仅讲究语言的准确、态度的诚恳，更讲究表达方式的技巧。

1．语言准确

对国内宾客要讲普通话，在对外国宾客服务时，要尽可能使用外语；语音要清晰，吐字要标准；语速要适中，每分钟以80～100个字为宜；语调要抑扬顿挫，给人带来舒适欢欣之情。

2．话题恰当

选择一个恰当的话题，会使双方找到共同语言，预示着交流成功了一半。要选择双方共同关注的话题、高雅的话题和对方感兴趣的话题。

3．避免禁忌

不谈论涉及个人隐私的话题，不谈论令人不快的话题，不谈论评品他人的话题，不谈论失敬于人的话题。

二、肢体语言的使用

肢体语言即体语，它是以人的表情、手势、姿态、界域语、首语等来传递信息的一种无声的伴随语言。在交谈过程中，肢体语言对沟通效果起着辅助的作用。

1．表情

表情是肢体语言最丰富的部分，是人内心情绪的流露，喜、怒、哀、乐都可以通过表情来体现和反映。微笑的表情往往能带给人愉快之感，它意味着

“我愿意和你交流”或“我欢迎你的到来”，可以拉近人与人之间的距离。交谈时的表情要自然，给人以温和、大方、亲切的感觉，表情最好随着交谈内容的变化而变化，表明重视对方或对他人讲话感兴趣，并给予适当的理解、关心、肯定等表示，以唤起对方继续交流的愿望。

2. 手势

手势有情绪性、指示性、描述性、礼节性等多种意义，在交谈中，富有表现力的手势可以加深交谈印象，活跃交谈气氛。手势不宜过多、过大、过快，要柔中带刚，与面部表情和身体其他部位相配合，才能体现出对听者的礼貌。下面列举一些常见的手势及其注意事项：

手势

（1）“OK”

就是把拇指与食指环成圈，另外三指伸直，通常表示“已经做好了、完成了”，或者表示数字“0”或“3”，也是赞同对方观点的意思。但是，在突尼斯该手势表示傻瓜，在巴西则表示侮辱男人或引诱女人。

（2）“V”

表示数字“2”，如果手掌心向外，大多表示胜利（Victory）。但在希腊这个手势是侮辱人的意思。

（3）拇指向上

表示赞赏，在中国民航系统这个手势表示“一切都好了、已经就绪了、赞同”。但是，如果用拇指点住鼻尖，另外四指做鸡冠状摇动，则是侮辱对方的意思。

（3）食指向上

大多数时候表示数字“1”。在法国表示请求提问，在澳大利亚则是再来一杯啤酒的意思。把食指放在唇中间则是“嘘，别出声”的意思。

（4）弯曲食指

这是英美人惯常用的手势，表示招呼某人过来。这个手势在中国表示数字“9”；在缅甸表示数字“5”；在斯里兰卡表示“一半”；在墨西哥表示“钱”或“询问价格”；在日本表示“小偷”或者有“偷窃行为”；在印度尼西亚表示“心肠坏”；在新加坡、马来西亚和泰国表示“死亡”；在新加坡，伸出弯曲的食指还表示拳击比赛中的“击倒”。

（5）向上伸小指

在中国表示“小”“最差”或“最后一名”，有时也是“轻蔑”的意思；在日本表示“女人”或“女孩”，甚至“恋人”；在菲律宾表示“小个子”“年少者”“不重要的人”；在美国表示“懦弱的男人”或“打赌”；在尼日利亚，伸出小手指也有“打赌”的意思；如果在泰国和沙特阿拉伯，向对方伸出小手指，表示彼此是“朋友”，或者表示愿意“交朋友”；在缅甸和印度，做这个手势就代表“想去厕所”。

（6）打响指

这个动作在舞蹈动作中可以适当运用，在生活和工作场合，这是一个应该避免的动作。很多人喜欢在一些餐厅打响指来招呼服务员，其实这是对对方的不尊重，虽然在一些大排档或者舞厅可以做这个动作，但如果能够用招手来代替的话，尽量不要打响指招呼别人。

（7）用手指点太阳穴

表示“机灵一点”或“多动动脑筋”。这个动作有时是自说自话警示自己，有时是提醒别人注意。如果用食指在太阳穴划个圈，则有“太奇怪了”的意思。

此外，右手拇指、食指和中指捏在一起，在空中做出写字的动作，表示付账。在餐馆里为了避免大声喧哗，通常会用招招手引起服务员的注意，然后再做这个动作，彼此也就心领神会了。

案例分析

导游人员小王精神饱满地奔赴酒店，准备当天的旅游接待工作。他笑容可掬地站在车门旁边迎候游客们上车，接着按惯例开始清点人数，“1、2、3、4……”小王轻轻地念着，同时用手指点数游客。游客很准时，没有迟到的。在导游过程中，小王的旅游知识尽管很丰富，服务也很周到，但是他发现游客们还是有点不对劲。小王百思不得其解。随后，小王向经验老到的导游人员请教，才茅塞顿开。

原来在导游讲解服务过程中，非常忌讳导游人员用手指点游客，这是对游客极大的不尊重。在清点游客人数时，可以采用默数的形式，即用目光进行清点，心里默记。

3. 姿态

姿态是一个人的思想情感、文化修养的外在表现。交谈时，要注意将自己的身体正面朝向对方，给人以坦诚、易交流的感觉，避免身体不动、扭头说话的习惯。交谈时不能经常看手表，也不能有将双手搂在脑后、交叉双臂抱在胸前、双腿叉开等行为，还要避免揉眼、搔头、玩指甲、压指节、打哈欠、伸懒腰、吐烟雾等小动作。

案例分析

张琦和文静是同一家饭店的职员，关系一直不错。文静升任前厅部主管之后，从集体办公室换到了一间较大的独立办公室。第一次汇报工作时，张琦进入文静的办公室，还想同往常一样坐在文静的旁边。可她看到在宽大的老板桌后面正襟危坐的文静时，心里很不适应。当文静请她在一米开外的椅子上坐下时，她立刻感到了工作环境及上下级间特有的严肃氛围，于是马上进入了状态。她自然地向文静道贺，并简短扼要地汇报了自己的工作情况，然后就很有礼貌地退出了文静的办公室。

评析：案例中的两人都是很懂界域礼貌的人。文静善于用界域距离拉开与张琦的距离，用这种方式非常委婉地告诉她两人之间等级的变化，有利于两人今后在工作中的沟通。而张琦也非常识趣地保持了这种界域礼貌，并拉开了两人的距离。

所以，在不同的场合，面临不同身份的人时，应当思考需要保持的界域距离，这样做既表明了对对方的尊重，又有利于双方的沟通。

4. 界域语

界域语是交谈者之间以空间距离所传递的信息，它是人际交往过程中一种特殊的无声语言。由于人们交往性质的不同，个体空间的限定范围也有所不同。在饭店服务中，服务人员根据接待对象和接待目的的不同，选择和保持合适的距离是极为重要的。一般来说，关系越密切，个体空间的范围划得越小。

5. 首语

首语是通过头部来传递信息的一种体语，如点头、摇头、低头、歪头等。世界上大多数国家和地区都以点头来表示肯定，而以摇头来表示否定；头部保持中立时，表明对对方的讲话没有太大兴趣；歪头或头部下意识地从一侧斜向另一侧是一种积极的信号，说明对对方的讲话有一定的兴趣；低头是一种消极的人体信号，说明对对方的讲话不感兴趣，当出现这种首语时，要立即停止谈话或重新选择另一个话题。

三、人际风格特征与沟通技巧

在人际交往过程中，依据一个人在沟通过程中情感流露的多少，以及沟通过程中做决策的速度是否果断，可以把人际风格分为四种不同的类型。这四种不同类型的人在沟通中的反应是不一样的，服务人员只有很好地了解了不同人在沟通中的特点，并且用与之相应的特点和对方沟通，才能够在沟通过程中做到游刃有余，见表 4—2。

表 4—2　人际风格特征与沟通技巧

沟通类型	人际风格特征	沟通技巧
分析型	◆ 态度严肃认真 ◆ 做事有条不紊 ◆ 语调单一平和 ◆ 面部表情较少 ◆ 动作慢 ◆ 语言表达准确 ◆ 有计划，有步骤 ◆ 喜欢有较大的个人空间	◆ 注重细节 ◆ 遵守时间 ◆ 尽快切入主题 ◆ 要一边说一边拿纸和笔在记录，像他一样认真、一丝不苟 ◆ 不要有太多和他眼神的交流，更避免有太多身体接触 ◆ 一定要用很多准确的专业术语 ◆ 要多列举一些具体的数据，多做计划，使用图表

续表

沟通类型	人际风格特征	沟通技巧
和蔼型	◆ 态度合作友好 ◆ 相处和谐轻松 ◆ 面部表情和蔼 ◆ 目光接触频繁 ◆ 说话慢条斯理 ◆ 声音轻柔，抑扬顿挫 ◆ 使用鼓励性的语言	◆ 首先要建立好关系 ◆ 要时刻充满微笑 ◆ 说话要比较慢，要注意抑扬顿挫 ◆ 一定要时常注意同他要有频繁的目光接触，每次接触的时间不长，但是频率要高
表达型	◆ 性格外向热情 ◆ 不注重细节 ◆ 语言表达幽默 ◆ 与人交往能力强 ◆ 动作频率较快 ◆ 语言生动活泼 ◆ 语言有说服力	◆ 声音一定要洪亮 ◆ 要有一些动作和手势 ◆ 在与表达型的人沟通的过程中，要多从宏观的角度谈论事情 ◆ 说话要非常直接 ◆ 表达型的人不注重细节，甚至有可能说完就忘了。所以达成协议以后，最好与之进行书面确认，这样可以提醒对方
支配型	◆ 性格果断审慎 ◆ 有指挥能力 ◆ 面部表情比较少 ◆ 情感不外露 ◆ 强调工作效率 ◆ 有目光接触 ◆ 说话快且有说服力 ◆ 语言直接，有目的性 ◆ 工作计划性强	◆ 回答一定要非常准确 ◆ 多问一些封闭式的问题 ◆ 要讲究实际情况，有具体的依据和大量创新的思想 ◆ 要在最短的时间里给对方一个非常准确的答案，而不是一种模棱两可的结果 ◆ 不要有太多的寒暄 ◆ 说话的时候声音要洪亮，语速一定要比较快 ◆ 在与支配型的人沟通时，一定要有计划，并且最终要落到一个结果上 ◆ 不要流露太多感情，要直奔结果去说 ◆ 要有强烈的目光接触 ◆ 同支配型的人沟通的时候，身体一定要略微前倾

活动平台

在教师指导下，学生分成若干小组，根据上面所学知识，对小组同学进行人际风格归类，谈谈你将采取什么样的沟通方式，以提高你与他们之间的沟通效率。

<table>
<tr><th rowspan="2">姓名</th><th colspan="4">人际风格类型</th><th rowspan="2">特征</th><th rowspan="2">你所采取的沟通方式</th></tr>
<tr><th>分析型</th><th>和蔼型</th><th>表达型</th><th>支配型</th></tr>
<tr><td></td><td></td><td></td><td></td><td></td><td></td><td></td></tr>
<tr><td></td><td></td><td></td><td></td><td></td><td></td><td></td></tr>
<tr><td></td><td></td><td></td><td></td><td></td><td></td><td></td></tr>
<tr><td></td><td></td><td></td><td></td><td></td><td></td><td></td></tr>
<tr><td></td><td></td><td></td><td></td><td></td><td></td><td></td></tr>
<tr><td colspan="7">总结体会：</td></tr>
<tr><td colspan="7">结合所学，判断自己的人际风格属于哪种类型？</td></tr>
<tr><td colspan="7">在你学习生活中常遇见的人际风格类型有哪些？如何避免沟通中可能存在的障碍？</td></tr>
</table>

思考与练习

1. 人们在日常生活中如何礼貌地称呼他人？
2. 人们见面时常行哪些礼节？
3. 如何介绍他人？
4. 掌握了人际交往的四种距离，对我们与人交往有何意义？
5. 电话、手机等通信方式有哪些礼仪要求？
6. 名片使用、握手、乘坐电梯有哪些礼仪要求？
7. 如何正确地与上级、下级及同事友好交往？
8. 肢体语言对人际交往有何帮助？

第五章 饭店接待服务部门礼仪

饭店是一个综合性接待服务企业，优质服务是饭店的生命。在饭店所有岗位各个环节的服务中，接待礼仪主要体现为礼貌服务、宾客至上。目的是使宾客有宾至如归的感觉，从而更好地树立个人和饭店企业的良好形象。熟练准确的礼仪服务既能表示对宾客的尊重，又能弥补某些服务设施的不足，满足宾客的需求，使之认可饭店的服务质量，从而赢得更多回头客。饭店的接待服务礼仪贯串从宾客进店到离店的整个接待服务过程，主要包括前厅部、客房部、餐饮部、康乐部、商场部、销售部和保安部等几个环节。

学习目标

☆ 掌握饭店前厅的服务礼仪。

☆ 掌握饭店客房的服务礼仪。

☆ 掌握饭店餐厅的服务礼仪。

☆ 掌握饭店其他接待部门的服务礼仪。

第一节　前厅服务礼仪

前厅部是宾客进出饭店的汇集场所，被称为饭店的“门面”和“窗口”。前厅服务人员的服务礼仪直接影响到宾客对饭店的第一印象和最后印象。因此，前厅部工作对服务人员的素质和礼仪服务具有很高的要求。前厅部服务礼仪主要包括门厅迎送服务礼仪、总台接待服务礼仪、商务中心服务礼仪和电话总机服务礼仪。

一、门厅迎送服务礼仪

1．恭候迎宾礼仪

门厅迎送服务主要由迎送员和行李员负责，他们代表饭店在大门口和门厅接待宾客，其接待服务礼仪规范有以下方面。

（1）上岗之前，做好仪表仪容的自我检查，做到服饰挺括、华丽，仪容端庄大方。

（2）上岗之后，面带微笑，站姿端正，精神饱满，全神贯注，随时恭候宾客的光临。

（3）车到店门时，负责外车道的门卫迎送员要迅速走向车辆，微笑着为宾客打开车门，向宾客表示欢迎。

（4）凡来饭店的车辆停在正门时，迎送人员必须趋前开启车门，迎接宾客下车。开车门时，一般是优先为女宾、外宾、老年人开门，然后才是其他宾客。开车门时，一般应先开启右侧车门，用左手拉开车门成70度角，用右手挡住车门的上方，提醒宾客不要碰头（对信仰伊斯兰教、佛教的人士除外）。对老弱病残宾客及女宾客应予以帮助，并提醒宾客注意门口台阶。

（5）遇到宾客带有行李时，迎送人员应立即招呼行李员，并协助其为宾客搬运行李，同时注意有无遗漏的行李物品，然后携行李引导宾客至前台办理登记手续。

（6）迎送人员要牢记常来本店宾客的车辆车牌号码和颜色，以便提供快捷、周到的服务。逢雨天，宾客到店时，迎送人员要为宾客打伞。

（7）宾客进店时，迎送人员要为宾客开启大门，并说："您好，欢迎光临。"

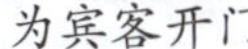

为宾客开门

为宾客开车门

为宾客搬运行李

2．宾客进店服务礼仪

（1）迎送人员陪同宾客到前台办理手续时，应侍立在宾客身后两三步处等候，以便随时接受宾客的吩咐。

（2）引领宾客时，迎送人员应走在宾客的左前方一二步处，随着宾客的步速徐徐前进，遇转弯处，要面带微笑向宾客示意。引领过程中，迎送人员应向宾客简要介绍饭店服务概况。

（3）迎送人员同宾客乘电梯时，应按住电钮，礼让宾客先入梯，到达时，同样示意宾客先走出电梯。

（4）迎送人员陪同宾客到达客房后，应将行李放在行李柜上，并当面向宾客交代清楚，然后微笑告别："请好好休息，再见！"面对宾客，后退一、二步，自然转身退出房间，将房门轻轻带上。注意不能关门太重，以防造成宾客不悦。

3. 宾客离店服务礼仪

(1) 行李员到宾客的房间去搬运行李时，进房前无论房门是关着还是开着，均要按门铃或轻轻敲门通报。在问清宾客共有多少件行李物品后，应小心搬运并负责安全地运送到指定地点。

(2) 宾客离店，负责离店的迎送人员应主动上前向宾客打招呼并为宾客叫车。待车停稳后，替宾客打开车门，请宾客上车；如宾客有行李，应主动帮宾客将行李放上车并与宾客核实行李件数。待宾客坐好后，为宾客关上车门，但不可用力过猛，不可夹住宾客手脚。车辆即将开动时，迎送人员应躬身立正，站在车的斜前方一米远的位置，上身前倾15度，目视宾客，举手致意，微笑道别，说："再见""一路平安""谢谢您的光临""欢迎您再来""祝您旅途愉快"等道别语。

(3) 当团队宾客、大型会议或宴会的与会者集中抵达或离开时，迎送人员要提高工作效率，尽量减少宾客的等候时间。重点宾客车辆抵达或离店时要先行安排，重点照顾。

(4) 当候车人多而无车时，应有礼貌地请宾客按先后次序排队乘车。载客的车多而候车人少时，应按汽车到达的先后顺序安排宾客乘车。

案例分析

香港丽晶酒店的礼宾服务在全香港五星级豪华饭店中是数一数二的。丽晶酒店礼宾部的主管考夫特先生说："如何关心宾客，如何使宾客满意和高兴是饭店服务最重要的事情。"考夫特先生在1980年丽晶酒店开业时就从事礼宾工作。多年来，每个到过丽晶酒店，接受过考夫特先生亲自服务的宾客无不为他提供的"难不倒"服务所折服。

一次，宾客在午夜提出要做头发，考夫特先生和值班的几位酒店员工迅速分头忙着联系美发师，准备汽车，15分钟内就把美发师接到酒店，引入宾客房内，宾客感动地说这是奇迹。

又有一次，一对美国夫妇想到中国内地旅游，但没有办手续，可他们只在动身的前一天才提出来。考夫特先生立即派一名工作人员直奔深圳，顺利地办完手续。他说："时间这么紧，只有这个办法，因此，再累再苦也得去。"

有人问考夫特先生，如果有人要上等特殊年份的香槟酒，而酒店中没有，怎么办？考夫特先生说："毫无疑问，我要找遍全香港。实在满足不了宾客的需求，我会记下香槟酒的名称及年份，发传真去法国订购，并向宾客保证，他下次再来丽晶酒店时，一定能喝上这种香槟酒。”

评析：当然，礼宾服务人员不可能完全像考夫特先生那样，大多数饭店也不具备这种条件。但是，这种做饭店服务所应该具备的全心全意为宾客服务的精神和意识，是每个员工都必不可少的。

例如：某饭店前台迎送服务礼仪规定“宾客乘坐的车辆到达饭店时，要主动为宾客开启车门，用手挡住车辆门框上沿，以免宾客下车时碰到头部，并主动向宾客招呼问好”。但是，如果遇到老年宾客，下车时还需要搀扶一下。搀扶老人，饭店没有明文规定，但对于一心一意为宾客服务的员工来说，又是应该想到和做到的，这就是饭店服务礼仪的灵活运用。这些类似的服务可以增加饭店服务的满意度，而宾客的满意度会带来“宾客的忠诚”，“宾客的忠诚”会带来饭店企业的获利和成长。

二、总台接待服务礼仪

1．接待问询服务礼仪

(1) 应站立服务，姿态端庄大方，着装整洁，精神饱满，面带微笑，随时恭候宾客光临（现在也有部分高星级饭店采取总台坐式服务，其仪表和着装要求与站立服务相同）。

总台接待服务礼仪

问询服务

(2) 主动招呼，笑脸相迎，热情问候。要有问必答，再问不厌，用词得当，简洁明了。对饭店设施、各部门服务时间、具体位置等情况应详细回答清楚，不能说“也许”“大概”之类没有把握或含糊不清的话。对不清楚的事，不要不懂装懂，也不能简单地说“我不知道”，而应主动帮助宾客解决问题。宾客提出的要求无法得到满足时，应向宾客深表歉意，请求其谅解与合作。

(3) 接待宾客来电问询时应热情帮助解决，件件要有结果。如不能马上回答，应对来电宾客讲明等候时间，并在约定时间给宾客回电话。

（4）在任何情况下都不得讥笑、讽刺宾客，不得与宾客争辩，不允许言语粗俗、举止鲁莽。在宾客因误解、不满而投诉时，要以诚恳的态度耐心听取宾客的意见，不要中途打断，更不能回避或置之不理。

2．接待住宿服务礼仪

（1）热情问候每一位宾客，点头致意，面带微笑地说："您好，请问有预订吗？"或者"您好！小姐（先生），需要住宿吗？"

（2）有较多宾客抵达而工作繁忙时，要按先后顺序依次办理住宿手续，做到"接一答二照顾三"。

（3）当宾客问房间或房价的详细信息时，应向宾客详细介绍饭店房间的种类及设置档次，然后推销房间。推销房间时，先推销标准间或中等价格的房间，然后再根据宾客的反应或要求推销高档或低档房间。

（4）听清宾客的要求后，尽量按宾客的需要为其安排房间。同时，当知道宾客姓氏后，要尽早称呼，以示对宾客的重视与尊重。

（5）如遇客房已满，应耐心向未能入住的宾客致歉，同时热情地向其推荐其他饭店，并感谢宾客的光临，希望下次再见到这次未能入住的宾客来饭店入住。

（6）填好住房通知单和迎宾卡后，连同房卡双手递送给宾客，轻声告诉宾客房间号，并祝宾客在饭店过得愉快。

递送房卡

3．离店结账服务礼仪

（1）宾客来结账时，首先应双手收回房卡，并迅速通知楼层服务员查房，要热情、周到、迅速、准确地处理宾客退房事宜，收款数目要当面结清。

（2）结账完毕，应向宾客道谢告别，给宾客留下彬彬有礼的印象，使宾客产生亲切感，吸引宾客再次光临。

案例分析

五一期间，杭州几乎所有饭店的客房都爆满。5月1日下午，前厅接待人员小周接到该饭店某协议单位领导王先生的订房电话，因为王先生是常客，小周格外小心，把当时仅有的一间标准间留给他，并约定抵店时间是当晚23点。在这期间，有过许多客人来饭店找房，小周都婉言拒绝了。但直到23点40，王先生还未抵店。小周心想：也许王先生不会来了，如果再不卖掉，24点以后就很难卖了。为了饭店的利益，小周将房间给了一位正在焦急等房的客人。20分钟后，王先生出现在总服务台，并说因为车子抛锚而手机又没电，没有办法联系饭店。一听说房间已经卖掉，他顿时发火，立即要求饭店赔偿损失，并声称要取消协议，以后不再安排到这家饭店入住。

这件事情的责任在谁身上？怎么处理比较妥当？

三、商务中心服务礼仪

商务中心的作用是为宾客特别是商务宾客提供信息传递服务。其服务礼仪规范包括以下几点。

1．注意个人仪表

在工作岗位上，要仪表整洁，仪容端庄，仪态大方，在宾客面前一定要注意自己的坐姿、走姿。

2．工作热情主动

要热情地接待每一位宾客，微笑问候，敬语当先，尊重宾客意愿。在同时接待数位宾客时，应按先后顺序一一受理，忙而不乱，热情友好地向各位宾客打招呼或致歉，使宾客感受到亲切、方便、信赖。

3．办事认真，讲究效率

按照宾客要求，认真负责地提供传真、打字、复印、翻译、快递等服务。服务要高效、准确，做到急件快速，立等可取；同时要严守职业道德，对宾客高度负责，代客保密，不外泄文本内容。

四、电话总机服务礼仪

电话总机是饭店内外信息沟通联络的枢纽和形象窗口。电话接待是在通话双方看不见表情、看不见手势的情况下进行的，总机话务员是饭店里“看不见的服务员”。许多宾客正是通过总机的声音和通话方式产生对饭店的第一印象。电话总机服务礼仪包括以下几点。

1．接听电话，迅速及时

饭店总机话务员接听来电，务必在铃响三声以内接听，以充分体现饭店的工作效率。

2．用语文明，说话礼貌

话务员接到打进的电话，应主动先报出饭店全称，然后倾听来电内容，再分别处理。例如“早上好！这里是××饭店”。

3．接转电话，准确无误

话务员接转电话时要做到精力集中、准确无误。接转中不得监听通话内容。宾客托挂的长途电话，在其通话后，应准确记录下通话的房间号、姓名和通话时间，记账留存，做到不漏不错。

4．代客留言，主动及时

如果来电找已住宿的宾客通话，而此人此时又不在饭店内，无论是市话还是长途，话务员都可主动请来电一方留下姓名、地址和回电号码，以便转告；待宾客归来，话务员要及时转告，促其回电。如果来电一方要求直接留言，话务员应详细做好记录，并与对方复述核对后挂断电话，再及时转告给住店宾客。

5．叫醒服务，认真负责

在接受宾客的叫醒服务请求后，话务员要立即做好记录，准确核对房间号码和叫醒的确切时间，便于交接班时值班同事了解详细情况。

案例分析

毛先生是杭州某四星级饭店的商务宾客。他每次到杭州，肯定入住这家四星级饭店，并且每次都会提出一些意见和建议。可以说，毛先生是一位既忠实友好又苛刻挑剔的宾客。一天早晨8点，再次入住的毛先生打电话到总机，询问同公司的王先生住在几号房。总机话务员小李接到电话后，请毛先生“稍等”，然后查到王总住在901房间，而且并未要求电话免打扰服务，便对毛先生说“我帮您转过去”，说完就把电话转到了901房间。此时901房间的王先生因当天晚上旅途劳累还在休息，接到电话就抱怨下属毛先生不该这样早吵醒他，并为此很生气。

总机话务员小李的做法是否妥当？如果你是小李，你应该如何处理这件事？这件事情对我们做好服务工作有什么启示？

第二节　客房服务礼仪

客房是饭店的重要组成部分，客房收入是饭店经济收入的主要来源之一。客房服务主要是围绕宾客住宿活动展开的，以宾客来店、住店、离店等活动规律为主线，以满足宾客要求、提高服务质量、使宾客满意而归为目的。来店、住店、离店的服务礼仪贯串客房服务的始终，为宾客提供礼貌服务的过程同时也是客房实现优质服务的过程。

一、宾客来店服务礼仪

1．宾客来前准备服务礼仪

（1）客房服务人员提前进入工作状态，讲究仪容仪表的修饰，按照规定着装，佩戴好工作号牌，整洁自然，端庄大方。

（2）宾客到达前，要根据前厅送来的住宿通知单了解宾客的姓名、房号、生活习惯、禁忌、爱好、宗教信仰等情况，以便在接待服务中有针对性地提供服务。

（3）宾客将要入住的房间，要在宾客到达前 1 小时整理好，保持清洁、整齐、卫生、安全。设备要齐全完好，生活用品要充足，符合客房等级规格和定额标准。

（4）房间整理完后，管理人员要全面检查房间的设备和用品，特别是对 VIP 宾客的房间要逐项检查。

（5）宾客到达前，客房服务人员要根据气候和不同地区的实际需要，调节好房间的空气和温度，保持空气新鲜。房间温度一般应保持在 22～24℃。

（6）宾客入住前，客房服务人员要根据入住通知单，提前准备好香巾、茶水，以便宾客入住后及时服务。

2．宾客到店迎接服务礼仪

宾客来时的迎接工作是客房工作的开始，它以宾客到达楼层为标志，以主动、热情欢迎宾客为重点，迎接时做到态度热情、语言亲切、举止大方、礼貌周到、服务主动，给宾客以宾至如归的感觉。

（1）迎候宾客

宾客来到电梯，楼层服务人员在电梯口迎接，主动向宾客问好。打招呼之后要引导宾客进入电梯，主动接下宾客的行李。对宾客随身携带的手提包或小件物品，在征得宾客同意后再帮助宾客提取。贵重行李要做到轻拿轻放，不倒置。

电梯引导

（2）引领入房

服务人员引领宾客到达房间门口时先开门，礼让宾客先进房。服务人员进入房间后应放好宾客的行李及物品。

（3）端茶倒水

宾客坐下后，服务人员根据宾客人数和要求，送来香巾和茶水，做到人到、茶到、香巾到，让宾客产生亲切感。

（4）介绍设施

服务人员简单介绍客房的主要设备，饭店服务项目、服务时间，客房内各电器的使用方法，各餐厅主要特色、所在楼层和开餐时间等。

（5）介绍须知

服务人员向宾客介绍住店须知和饭店情况。介绍时要简洁明了，时间不能拖得太长。如果接待团体宾客，应集中人力、具体分工、分别迎接。

（6）退出房间

服务项目和宾客须知介绍完成后，服务人应该询问宾客："还有什么我能为您服务的吗？"然后告别，祝宾客住宿愉快，退出房间并轻轻将门关上。

二、宾客住宿服务礼仪

1．宾客入住后的针对性服务礼仪

（1）熟悉宾客身份情况

一位优秀的服务人员首先必须熟悉自己的服务对象，熟悉的内容包括：宾客的国籍与职业、宾客的外貌特点、与众不同的习惯或动作等，服务人员尽可能在第二次见到自己服务的对象时，能正确地道出宾客的姓氏和职业。

（2）观察宾客嗜好忌讳

服务人员通过观察宾客的嗜好忌讳，可以更好地掌握宾客的需求，做到主动热情、服务周到。例如，因宗教信仰和生活习惯不同，有的宾客喜欢用冰块，有的宾客爱喝红茶或绿茶，有些外国宾客只喝咖啡，欧美人忌讳"13"这个数字，忌讳“星期五”，泰国人忌讳睡觉时头朝西等。服务人员都应该有所了解，在服务的过程中通过观察，才能提前做好准备，有针对性地提供服务。

（3）注意宾客身体变化

宾客住店期间，人地生疏，有时水土不服，加上每天外出游览参观或商务活动等，十分辛苦。因此，服务人员要注意宾客身体变化，对年老体弱的宾客尤其要加倍关心，对身体有病的宾客要热情照顾。这样，不仅可以有针对性地提供优质服务，而且可以获得宾客的长期好感，宾客感觉自己受到了尊重。

（4）掌握宾客特殊要求

住店宾客的习惯各不相同，有的早出晚归，有的晚出晚归。他们除了需要日常生活服务外，还有一些特殊要求，如宾客生日、朋友聚会、结婚纪念日、宾客节假日聚会……因此，客房服务人员要了解这些特殊需求，同时，应注意适时、恰当地推销饭店的其他设施。例如，宾客利用客房举行小型洽谈会，服务人员可以向宾客推荐饭店的会议室，宾客的生日聚会可以到大堂吧进行。

2．宾客入住后的循环性服务礼仪

宾客住店期间的工作是琐碎、细致的，具有涉及面广、持续时间长的特点，大量服务工作是循环往复进行的，客房服务人员每天都要坚持重复做好下列工作：

（1）循环打扫房间，撤换棉织品，补充宾客生活用品，打扫卫生间，撤换浴巾、面巾、垫脚巾，补充香皂、卫生纸和洗漱用品等。

（2）到客房收集宾客要洗的衣服，检查收集洗衣袋、点清数目、填好账单，并将洗好的衣服送回客房，请宾客查收。

（3）下午整理房间和卫生间，要更换热水瓶、宾客用过的茶具和水杯，清理垃圾等，保持客房清洁、整齐、舒适。

（4）按计划打扫楼层环境卫生和客房、卫生间，保持高处门窗玻璃、灯管、墙角等隐蔽处的卫生。

（5）分发报纸、信件和邮件，清理各种单据，及时将账单送到收款处，补充楼层服务台用品和商品，满足宾客要求。

（6）楼层服务人员要注意客房动态，根据宾客需求或特殊需要，提供迎接服务和随机服务。

（7）晚间整理好房间，按照我国大部分地区的情况，冬季晚 6 点以后，夏季晚 7 点后到客房整理，更换冷热水，撤换茶具、水杯、补充茶叶、倒掉烟缸、清洁纸篓、拉好窗帘、调节好温度和空气、打开床头灯、摆放拖鞋、掀开被角，为宾客休息提供方便。

3．宾客入住后的日常性服务礼仪

宾客入住以后，服务人员除了为宾客提供循环性服务外，还要为宾客提供日常性的服务，主要包括如下内容：

(1) 服务人员进房服务前，要做好各项准备工作，包括客房当天撤换的棉织品，各种生活用品、清扫工具等。

(2) 日常服务过程中要坚持"不叫不扰，随叫随到，仔细稳妥，热情周到"的原则，清扫房间尽可能在宾客外出吃饭或办事时进行，对久留在客房或不外出的宾客，应在征得其同意后清扫。

(3) 每次进房，应先敲门，征得宾客同意后再进入，在客房内不许打私人电话，不得动用、翻阅宾客的物品，更不能随意扔掉宾客的物品。

(4) 宾客发传真或邮寄物品，服务人员应主动告诉宾客办理地点和服务时间。如果有宾客的信件、邮件、传真等，应及时、当面交给宾客，并做好签收工作。宾客委托代订、代购和代修事项要详细登记，重复并确认，然后及时安排。

(5) 每天定时检查和补充客房冰箱内的饮料，凡是宾客用过的饮料，要点清数目、填好账单，请宾客签字。特别是对当天结账离店的宾客所在的房间要及时清点，防止跑账、漏账。

(6) 日常服务过程中，服务人员要避免与宾客发生口角。如果遇到个别宾客言行失礼，服务人员应保持冷静，有礼有节，不卑不亢，不可采用简单粗暴的方式，必要时请有关部门处理。

案例分析

一天上午10点，服务人员小冯将工作车推至8103客房门口，并敲开了门："先生，请问现在可以整理房间吗？"小冯询问前来开门的郭先生，郭先生指着房门内的客人说："我现在来了客人，待会儿再打扫吧。""好的。"小冯推着工作车到其他房间去了。到11点半左右，8103房的郭先生陪同其他客人离开客房，并对在8103房对面房间打扫卫生的小冯说："服务员，帮我打扫一下房间。"小冯正在忙着，顺口回答道："没有时间。"郭先生对此很不满意，嘟囔道："什么态度！"他当即向大堂副理投诉，并提出退房。

小冯错在哪里？如果是你，应该如何处理？

三、宾客离店服务礼仪

宾客离店服务的礼仪，是客房服务礼仪的结尾和延伸。宾客离店时的服务工作，既是宾客对客房服务的最后印象，又是酒店争取回头客的重要时刻。

1．服务人员进入客房后要向宾客表示问候，询问宾客有哪些事情需要帮助。遇到有行李的宾客，特别是团体宾客，服务人员要通知行李员帮助宾客提送行李。

2．宾客离房时，服务人员要向宾客告别，祝宾客一路平安，欢迎宾客下次光临。服务人员一般应将宾客送到电梯口，重要宾客或老弱病残者应送到前厅，给予特别照顾。服务人员应主动征求宾客意见，不断改进服务工作，若发现宾客有不满意的地方或未尽事宜，要在宾客离店之前设法补救。

3．宾客离店后，服务人员要迅速检查房间，包括枕头下、床头柜、抽屉、衣柜、卫生间、阳台等。检查的目的是看宾客有无遗忘或遗弃的物品，房间设备有无损坏，客房用品有无丢失。如果发现宾客遗忘物品，应尽可能归还原主，若宾客已走，则应将房号、时间、遗忘物品名称等进行登记，及时报告，如果发现客房物品缺少或设施有损坏，应立即打电话与总台联系，一般不直接与宾客交涉。

案例分析

某三星级饭店行李房在上午10点收到了邮局送来的报纸、信和包裹。行李员小杨签收后立刻开始分发，并发现有516房张先生一个包裹，但张先生此时可能已经退房了。因为他昨天订的今天上午10点半发车的火车票正是小杨送去的，而此时已经是10点15分了。小杨当即询问了总台，得知张先生已在上午9点退房离开了酒店，他只好将此事报告上级。

小杨该怎样处理这个包裹？

第三节　餐饮服务礼仪

餐厅是饭店宾客用餐的主要场所，是饭店的重要服务部门。餐厅不仅是宾客就餐的固定场所，也是宾客寻求人际交往的重要场所之一。这就要求餐厅服务人员必须全面懂得和遵守餐饮服务中的各种礼仪。在服务中做到热情、亲切、周到、细致而又富有人情味，以实际行动提供给宾客多种享受。

一、迎宾服务礼仪

1. 一般用餐，在宾客到来之前，要有1~2名服务人员在门口迎接；较高级的宴会，餐厅负责人应带领一定数量的服务人员在宾客到来之前站在餐厅门口迎接。站立时应站姿优美、规范，精神饱满。

2. 当宾客快要到达餐厅时，服务人员应面带笑容开门迎宾，并热情问候："您好，欢迎光临！"或"您好，请问您预订过吗？"同时用靠门一边的手平伸出厅门，请宾客进入餐厅。

3. 如果是男女宾客一起进来，要先问候女宾，然后再问候男宾。见到年老体弱的宾客，要主动上前搀扶，悉心照料。

4. 如遇雨天，要主动收放宾客的雨具。假如宾客戴着帽子或穿有外套，应在宾客进门时协助拿衣帽，并妥善保管。

5. 对已预订的宾客，要迅速查阅预订记录，将宾客引到其所订的餐桌。如果宾客没有预订，应根据宾客的人数、喜好、年龄及身份等安排座位。如果宾客要求坐到指定的位置，应尽量满足其要求，如该位置被占用，服务人员应解释、致歉，然后再带他们到其他位置。

6. 如果桌子需要另加餐具、椅子时，尽可能在宾客入席之前布置妥当，不必要的餐具及多余的椅子应及时撤走。为儿童准备的椅子、餐巾、餐具等也应在宾客入席之前布置完成。

7. 宾客走近餐桌时，服务人员应以轻捷的动作，用双手拉开座椅，招呼宾客就座。顺序上应先主宾后主人，先女宾后男宾。在人数较多的团体里，则应先为年长的女士服务，然后再为其他女士服务。招呼宾客就座时动作要和宾客配合默契，待宾客入座的同时，轻轻推上座椅，推椅动作要适度，使宾客坐好、坐稳。

餐厅迎宾

8. 宾客入座后，送上毛巾和茶水。毛巾和茶水都要用托盘端送，从主宾开始，从右向左依次进行。

二、餐前服务礼仪

1. 宾客坐稳后，服务人员把菜单递给宾客，菜单要从宾客的左边递上。对于夫妇，应先递给女士；如果是团体，先递给主宾。递送的菜单要干净、无污迹，递送时要态度谦恭，切不可随意把菜单往宾客手中一塞或桌上一扔就一走了之，这是极不礼貌的行为。

2. 不要催促宾客点菜，要耐心等候，让宾客有充分的时间考虑和做决定。服务人员应对宾客有可能问及的问题有所准备，对每一道菜的特点要能给予准确的答复和描述。服务人员推荐本餐厅的特色菜、时令菜、创新菜等时要讲究说话的方式和语气，察言观色，充分考虑宾客的心理反应，不要勉强或硬性推荐，以免引起宾客反感。

3. 记录宾客点菜时，服务人员应站在宾客的左侧，身体不能紧靠餐桌，手不能按在餐桌上，应上身略微前倾，集中精神聆听。当主人表示宾客各自点菜时，服务人员应先从坐在主人右侧的主宾开始记录，并站在宾客的左侧按逆时针方向依次接受宾客点菜。

4. 如宾客点的菜在菜单上没有列出，服务人员不可一口回绝，而应尽量满足其要求。可以礼貌地说："请允许我马上和厨师长商量一下，尽量满足您的要求。"如宾客点的菜已无货供应，服务人员应致歉，求得宾客的谅解，并委婉地建议宾客点其他的菜。

案例分析

一天，餐厅里来了三位衣着讲究的宾客，服务人员将他们引至餐厅坐定，其中一位宾客便开了口："我要点东坡肉，你们一定要将味道调得浓一些，样子摆得漂亮一些。"同时转身对同伴说："这道菜很好吃，今天你们一定要尝尝。"菜点完后，服务人员拿菜单去了厨房，再次上来时，便礼貌地对宾客说："先生，对不起，东坡肉今天已经卖完了，给您换一道菜可以吗？"宾客一听勃然大怒，"你为什么不事先告诉我？让我们无故等了这么久，早说就去另一家餐厅了。"发完脾气，宾客仍觉得在朋友面前丢了面子，于是拂袖而去。

服务人员的回答有错吗？如果你是服务人员，该如何应对这样的情景？

三、餐间服务礼仪

1. 取出餐布放在宾客的腿部或压放在骨碟下，如是中餐，对不习惯用筷子的外宾，应及时换上刀、叉等餐具。

2. 斟酒要严格按照规格和操作程序。打开酒瓶盖或饮料瓶盖应当着宾客的面。斟酒时从宾客右侧进行，注意不可站在同一位置为二位宾客同时斟酒。斟酒时先斟烈性酒，然后斟果酒、啤酒、汽水、矿泉水。斟香槟酒或其他冰镇酒类时，要用餐巾包好酒瓶。

3. 斟酒的浅满程度，要根据各类酒水和宴席的要求来决定。中餐常斟满杯，以示对宾客的尊重。斟酒的顺序是先斟给主人右边的主宾，再按顺时针方向绕桌斟酒，主人的酒最后斟。斟酒时，瓶口不要碰到杯口，也不要拿得太高，使酒水溅出。当偶尔操作不慎将酒杯碰倒时，应向宾客致歉，立即调换，并迅速铺上干净餐巾，将溢出的酒水吸干。宴会中斟酒时，应由宾客选择用哪一种酒，服务人员不得自作主张。

4. 掌握好上菜时机和程序，并根据宾客的要求和进餐的快慢灵活掌握。上菜要从宾客的左边上，但不要在主人和主宾之间上菜。摆菜要讲究造型艺术，酒席中的头菜，其看面要对正主位，其他菜的看面要朝向四周。比较高档的菜或有特殊风味的菜，要先摆在主宾位置上，在上下一道菜后顺势撤摆在其他地方。每上一道菜都要报菜名，并简单扼要地介绍其特色，注意说话时切不可唾沫四溅。

5. 分菜时，高级宴会按照先男主宾，后女主宾，再主人和一般来宾的顺序逐次分派；一般酒席宴会按照先女主宾，后男主宾的顺序进行。分菜要注意将菜肴的优质部分分给主宾或其他宾客，同时，分配应尽量均匀。添菜时应征求宾客的意见，如宾客谢绝，则不必勉强。主人或宾客祝酒或发表讲话时，应停止上菜，但要及时斟酒，以便干杯。

6. 撤换餐具时，要注意宾客是否吃完，切不可在宾客正在吃时撤餐具。撤换餐具要轻拿轻放，动作要优雅利索。

7. 如有酒水溅洒在宾客身上，要及时递送毛巾或餐巾协助擦拭，但如果对方是女宾，男性服务人员不要直接动手帮助。如有找某位宾客的电话，要走到该宾客旁边，轻声告知，不要在远处高声呼喊。宾客的物品，尤其是女宾的物品，如果不慎掉在地上，服务人员应立即帮忙拾起，双手奉上，不可视而不见。对有醉意的宾客要特别关照。

8. 服务人员的眼睛应始终注意餐厅的每一位宾客，应通过宾客在需要帮助时表现出来的种种迹象（手势、表情、姿势等），上前询问宾客是否需要帮忙。例如，宾客在进餐时起身或张望，表明宾客有事求助或询问，服务人员应主动迎上去给予帮助；宾客将茶壶盖抬离壶口或将茶壶

餐间服务

拿起时，服务人员应主动加茶水；发现宾客的筷子掉在地上，应及时上前为其换上干净的筷子。当宾客要求帮助而服务员正在给其他桌上的宾客服务时，应对宾客打手势或点头微笑，表示自己已经知道，马上就能过去服务，使宾客放心。

9．工作过程中，服务人员应坚守岗位，站姿规范，不倚墙靠台，不搔头摸耳，不串岗闲聊。整个餐厅的清扫工作，应在所有宾客离去后进行。

案例分析

小李是某三星级饭店餐饮部的服务人员。一次，有三位宾客在饭店餐厅就餐，他们点了很多菜，其中的一道菜叫“海参扒肘子”。当最后一道菜上来时，小李发现餐桌上已经没有足够的空间可以放下新的菜品了，于是她不假思索就把新上的菜放在了宾客吃的还剩一个肘子的“海参扒肘子”的餐盘上。其中一位宾客发现后，半开玩笑地跟小李说：“服务员，我们这道菜还没有吃完，你怎么就把菜放到上面了？”小李当天的心情正好不好，听到宾客说的话，更是不舒服，于是就顶了一句：“到这儿来吃饭，还在乎这么一个肘子吗？又不是没有钱。”本来开玩笑的一句话，经小李这么一说，宾客笑意全无，两个人就争吵了起来。宾客觉得面子上很过不去，于是向餐厅经理投诉，小李受到经理的批评，向客人道歉。同时，饭店只得又重新做了一盘“海参扒肘子”给宾客。

服务员小李错在什么地方？如果你是小李，你该如何应对这样的情景？

四、结账送客服务礼仪

1．结账时，把账单正面朝下放在小托盘上，从左边递给宾客。一定要等宾客吃完甜点或宾客要求结账时方可呈递账单，不可在进餐中把账单递给宾客。当宾客付款后，要表示感谢。

2．宾客起身离座时，应主动上前拉椅，方便宾客离开。宾客出餐厅时，提醒其不要遗忘随身物品。服务人员应向宾客道别，并可借此机会了解宾客对饭菜是否满意、服务是否周到等。假如有什么令宾客不满意之处，应向宾客解释并表示歉意。

案例分析

一天晚上，三位宾客在一家饭店的中餐厅用餐。他们在此已坐了两个多小时，仍没有去意。服务员心里很着急，到他们身边站了好几次，想催他们赶快结账，但一直没有说出口。最后，她终于忍不住对宾客说："先生，能不能赶快结账，如想继续聊天请到酒吧或咖啡厅。""什么！你想赶我们走，我们现在还不想结账呢。"一位宾客听了她的话非常生气，表示不愿离开。另一位宾客看了看表，连忙劝同伴马上结账。宾客看过账单，指出有一道菜没点过，但却算进了账单，请服务员更正。这位服务员忙回答宾客，账单肯定没错，菜已经上过了。几位宾客却辩解说，没有点过这道菜。服务员又仔细回忆了一下，觉得可能是自己错了，忙到收银员那里去改账。当她把改过的账单交给宾客时，宾客对她讲："餐费我可以付，但你服务的态度却让我们不能接受。请你马上把餐厅经理叫过来。"这位服务员听了宾客的话感到非常委屈。其实，她在宾客点菜和进餐的服务过程中并没有什么过错，只是想催宾客早一些结账。

该服务员的做法有什么不妥吗？该如何弥补这样的过失？

第四节　康乐服务礼仪

为了使宾客的住店生活更加丰富多彩，舒适愉快，很多现代化饭店都建造了康乐中心，设有游泳池、保龄球馆、健身房、桑拿浴室、歌舞厅、美容美发室等部门，这些为宾客直接服务的部门，均要求提供高标准的礼仪服务。

一、游泳服务礼仪

游泳池服务员主要负责游泳池内宾客的接待工作，在服务中应注重以下礼仪：

1．端庄地站立在服务台旁，恭候宾客的到来。

2．礼貌地递送衣柜钥匙和毛巾，引领宾客到更衣室，并提醒宾客妥善保管好自己的物品。

3．加强巡视，时刻注意游泳者的动态，特别是老人和小孩，以免发生事故，这是对宾客最大、最重要的尊重。

4．热情地为宾客提供软包装的饮料（不得使用玻璃瓶装饮料），以确保宾客的安全。

5．宾客离开时，主动收回衣柜钥匙，并礼貌地提醒宾客不要遗忘物品。

6．送宾客到门口，向宾客表示谢意，欢迎宾客再次光临。

二、保龄球服务礼仪

保龄球馆服务员主要负责保龄球活动的服务工作，在服务中应注重以下礼仪：

1．宾客到来时，要表示欢迎，并把干净完好的保龄球鞋礼貌地递给宾客。

2．请宾客选择适当重量的保龄球，为宾客分配好球道，并送上记分单，主动征询是否需要协助记分。对初次来玩保龄球的宾客，要根据他们的性别、年龄、体重等，帮助选择适当重量的保龄球．并详细介绍规则和方法，提醒宾客注意发生扭伤等意外事故。

3．适时有礼貌地询问宾客需要什么饮料，提供热情周到的服务。

4．活动结束时，要礼貌地收回保龄球鞋，恭请宾客结账，向宾客道谢并礼貌告别。

三、健身服务礼仪

健身房服务员主要负责健身房宾客健身锻炼的各项服务工作，在服务中应注重以下礼仪：

1．笑脸迎客，礼貌问候。

2．主动热情介绍跑步机、单车、举重器等设备的性能和操作方法，以及壁球的打法。

3．当宾客要健身，并要求指导时，应立即示范，热情讲解。

4．当宾客在进行活动时，应思想集中地注意宾客的安全，随时准备保护，以防意外。

5．宾客健身完毕，应礼貌送客，热情告别。

四、桑拿服务礼仪

桑拿浴室服务员主要负责桑拿浴各项服务工作，在服务中应注重以下礼仪：

1．宾客来到桑拿浴室服务台，要热情问候欢迎。

2．对初次前来的宾客，要主动介绍桑拿浴的要领与注意事项。

3．主动征询宾客要求，把温度控制在宾客所需的温度范围内。

4. 密切注意宾客的动静，每隔几分钟从玻璃窗口望一望，防止发生意外。

5. 做好清洁卫生工作，不时喷洒香水，为宾客提供干净浴具。

6. 宾客离开时，要提醒宾客不要遗忘物品，向宾客热情道别，并欢迎宾客下次再来。

五、歌舞厅服务礼仪

歌舞厅服务员主要负责歌舞厅宾客的服务工作，在服务中应注重以下礼仪：

1. 宾客来到歌舞厅或包房，要热情接待，礼貌问候，躬身致意，并引领宾客到歌舞厅内适当的位置。

2. 迅速将酒水、食品从右侧送到宾客的桌上，以示礼貌。

3. 细心观察宾客动态，以便提供所需服务，如添加饮料或热情回答宾客的询问。

4. 宾客活动结束后，应向宾客礼貌道别。

六、美容美发服务礼仪

美容美发室主要负责为宾客提供美容美发服务，在服务中应注重以下礼仪：

1. 礼貌迎宾，热情问候，将宾客引领到座位上。如已客满，应将宾客引领到休息室，并向宾客致歉，请宾客稍候。

2. 严格按宾客要求，神情专注地进行美发美容服务。操作时要尊重宾客的意愿，以免引起宾客的不安与反感。

3. 美发美容毕，要用镜子从后面、侧面给宾客验照发型，并礼貌地征求意见，或作必要的修饰，直至宾客满意为止。

4. 收款找零要迅速、准确，并向宾客致谢。

5. 送客时应向宾客热情道谢并礼貌告别，目送宾客离去。

第五节　商场服务礼仪

饭店商品部一般设于饭店的公共区域，为下榻的宾客提供购物的场所，其商品以旅游商品和纪念品为主。饭店商品部与社会商场相比较，在运行和管理方面有着相同的基本规律，但在服务对象上，两者却有很大的差异。因此，饭店商品部服务人员除要熟悉所售商品外，其服务礼仪也有更高的标准和要求。

一、接待要热情

迎接宾客是给宾客的第一印象。服务人员应态度和蔼、微笑迎接、语言亲切、表情诚恳，做到宾客到、微笑现、敬语出。宾客进店时，服务人员要面向宾客，笑脸相迎，礼貌问候。宾客在浏览商品时，服务人员不要急于展示或推荐商品，要使宾客感到置身在一个自然、宽松的购物环境中。如果闲逛的宾客停住了脚步，似乎对某种商品产生兴趣，服务人员可适时地上前搭话，但仍然不宜开口就介绍商品的使用性能和价格，而应运用自己平时积累的知识，从审美的角度或从某个典故切入，介绍其造型、图案、色泽和鉴别方法等，使宾客的兴趣渐入佳境，开始考虑是否买下。

商场服务礼仪

二、服务要周到

宾客在选择商品时，服务人员应悉心服务，多拿不厌，百挑不烦，要耐心解答宾客的疑问，为宾客当好参谋。宾客多、业务繁忙时，服务人员要有“接一待二照顾三”的能力，对正在接待的宾客要耐心细致，对其他等候的宾客可轻轻向其点头致意，冷落任何一位宾客都是失礼的行为。对宾客挑选好的商品，凡需要包装的，要精心包装，捆扎牢固。对于笨重的商品，要帮助宾客提送出商场，或者送入客房。如果是外来宾客，则可帮助其送上车。对办理托运、邮购的宾客，要积极协助，尽量将一切手续都办理妥当，为宾客提供可能做到的各种便利条件。

三、推销商品要把握宾客购物心理，要讲“礼”

把握宾客购物心理是旅游商品销售的重要一环。只有确实掌握不同国籍、不同层次宾客的购物心理、需求和商品经营规律，才有可能水到渠成。例如，日本人喜欢我国的玛瑙、翡翠、文房四宝，名人字画等；欧洲人特别是西欧人喜欢我国的丝绸、棉布制品等。服务人员在推销商品的过程中，应始终保持和悦的态度，切记：有伤宾客自尊心的话不讲，有碍宾客尊严的话不讲，埋怨、责备宾客的话不讲，讽刺、挖苦宾客的话不讲，粗话、无理的话不讲，不符合文明礼仪的话不讲。

四、举止要文明

商品部服务人员在岗时，站立、走动、拿取物品等的行为动作都要文明规范，不可将手插在衣袋里，或抱着胳膊，或倒背着手。在接待宾客过程中，动作要干净利落，轻拿轻放商品，不能将商品扔给宾客或摔在柜台上让宾客去取。平时要养成文明礼貌的习惯，切不可随地吐痰，或当着宾客面大声说笑、掏耳朵、挖鼻孔、剔牙齿等。

服务人员在收钱找钱时要唱收唱付，避免因出现差错而导致不愉快。

宾客离开柜台时，服务人员应该彬彬有礼地向宾客道别，并欢迎宾客再次光临。

第六节　销售服务礼仪

饭店销售服务是宣传饭店企业产品，把饭店产品直接或间接地送达客户手中的一系列活动。销售服务礼仪在宣传和推销过程中，起着举足轻重的作用。销售礼仪是否得当，直接影响着饭店产品销售的成败。

一、接近客户礼仪

销售人员要如愿以偿地推销饭店产品，就应想办法接近客户，取得客户的好感，获得客户的信任。

1．重视给客户的第一印象

推销访问最初的印象最为深刻，它为以后的推销奠定基础。销售人员应衣着庄重、服饰协调、行为端庄，创造一个良好的最初形象，

2．消除客户的紧张心理

消除紧张情绪是接近客户并促使商谈成功的重要一步。消除客户的紧张情

绪，正确的做法是：向客户建议购买时，千万不能以其为特定的销售对象，应该叙述他人的例子，换言之，就是不要让客户感觉到正在向他推销，而应当采用妥善的说法，如“今天我不想推销商品，只是为收集一些资料而来”或者事先声明不会勉强对方购买。当询问客户对自己的建议有何意见时，要同时请客户告知销售人员如何做对客户才有所帮助。此外，还要强调所提供的不仅是商品，也是一份关心，会给对方带来方便或利益。

3．寻找共同点，缩短与客户的心理差距

推销不是一件简单的工作。在接近客户的过程中可能会障碍重重，销售人员的意志要经受住考验，要努力提高自身的心理素质，从共同的话题、共同的兴趣、共同的消息着手进行更深入的接触，寻找共同点，缩短与客户的心理距离，以接近客户。

4．讲究初次见面的说话技巧

初次见面不一定立即进行商谈，而要根据不同类型的人，选择适当的话题。这样既可消除对方的紧张情绪，又可营造良好的氛围，以便让对方顺利地接受商谈的内容。销售人员在逐步接近客户时，必须特别留意聆听对方的话。即“一、二、三”方式：自己说一分钟，聆听对方话二分钟，再附和三分钟。同时，以消息、利益、兴趣或日常生活中的种种琐事，作为谈话内容。使用这种方法可以解除对方的心理戒备，进而传达商谈的内容。

5．心平气和地面对拒绝

即使出色的销售人员，也经常被拒绝。面对拒绝，应做到以下两个方面：要用心平气和、从容不迫的良好礼仪面对拒绝；要认真分析被拒绝的原因，然后针对这些原因，拟订方案，重新振作精神，鼓起勇气，再进行销售。

二、约见、接待客户礼仪

1．约见客户的礼仪

约见客户，是指销售人员事先征得客户的同意，协商见面接触的活动。事先约好客户，从礼仪上讲，充分体现了对客户的尊重，易于被客户接受并引起重视。

（1）时间适宜

约见时间可依据供需双方业务谈判过程的各要素来商议确定，最好由客户自己来确定时间。如果由销售人员来确定，则应多替客户考虑，如客户的作息时间、活动规律、家庭条件、交通状况等，尽量选择天气晴朗和对方心情舒畅的时间进行。销售人员自己绝不可失约。

（2）地点方便

约见的地点所造成的会见气氛，在一定程度上制约着推销的成败。所以，地点的选择，仍应以客户自选为最佳。如果由双方议定或由销售人员决定，则应以方便客户为宗旨，选择客户比较熟悉、安全、无其他干扰、离其单位较近、接待条件良好的场所。

（3）方式得当

只要注意约见客户的必要礼仪，讲究约见方式，就会收到预期效果。约见客户可供选择的方式是多样的，常见的约见方式主要有电话约见和信函约见两种。

2．接待客户的礼仪

接待客户，最好有专门的接待室和专人负责接待；客户来访时，要热情欢迎，注意让座、沏茶等细节礼仪；谈话要作记录，特别是要记下顾客的基本情况，以备必要时登门拜访；对客户的要求，要尽量给予满足，实在解决不了的也要解释清楚，切忌盲目答应或置之不理；客户离开时，要礼貌相送，必要时要送上车。

三、商谈礼仪

1．说话礼仪

说话是饭店销售人员工作中的重要组成部分。掌握说话技巧，讲究语言艺术，是饭店销售人员的基本功。

（1）“话”是饭店销售人员最有效的武器

博取客户的信赖，最有效的武器莫过于饭店销售人员的“话”。当客户面对一位口才不好、说话不讲技巧的销售人员时，一定会有想法，原来可能拜访一次就可成交的客户，到了说话不讲技巧的销售人员那里，也许拜访两次、三次也不会有结果。

（2）谈话材料的组合方法

为使谈话取得成功，做好充分的准备是十分必要的。将谈话的材料进行优化组合，将何事以何种顺序进行表达，应先打好腹稿。组合这些谈话材料时，一定要力求紧凑，切忌松弛。只有这样，才能吸引客户的注意。

（3）目的明确的销售谈话技巧

谈话的目的，就是要满足人们智、情、意三方面的要求。因此，在进行销售谈话时，首先要给予客户知识、智慧，启蒙对方；其次，要注入感情，例如在致欢迎辞时，必须将喜悦的气氛融入言辞之中，才能感动听众的心灵，让听者产生共鸣；再者，就是必须清楚地表明自己的意图，如果销售人员谈话忽东忽西，客户就抓不住重点，也不知道其真正所要表达的意思。

（4）施展谈话魅力的技巧

在与客户交谈时，销售人员首先要特别注意表情，要面带微笑，表现出开朗、令人信赖的柔和表情；其次，要注意姿态，要充分运用体态，讲究一举一动，配合谈话的内容，达到吸引客户注意的目的；再次，要充分发挥音量声调作用，谈话时音量的变化要丰富，时而大声说明，时而小声叙述，以抑扬顿挫的声调，紧紧吸引客户的注意力；最后，还要注意掌握停顿的运用，让客户对谈话的内容有一段思索的时间。

2．创意是决定销售人员胜负的关键

创意是决定销售人员胜负的关键。创意有多种多样，从商谈礼仪的角度来看有以下几个方面：

（1）以理性及感情激发购买欲

销售人员应及时利用说话技巧，让客户了解购买此商品是合理的行为；相反，不买才是不合理的行为。因此，销售人员应学会运用合理的理由及能打动客户感情的语言，来激发其购买欲。

（2）洞察顾客的心理

客户的心理是多变而捉摸不定的。任何人面临任何抉择，都会不同程度地产生犹豫、迷惑的心理。而在客户犹豫不决时，便是销售人员说服客户的最好时机。这时，销售人员应适时地提出适当的忠告、援助及诱导，否则便会丧失销售的良机。

（3）使用“如果……”一类的言辞，直接攻击客户心理的盲点

“如果……，那么您会……”，销售人员用这种方式询问对方，即使那些不爱说话或者经常采取拒绝态度的客户，往往也会出人意料地以较轻松的方式来回答。这就是一种具有诱导作用的说话技巧，经验丰富的销售人员称之为“魔术句子”。

（4）增加顾客的临场感

经验丰富的销售人员所使用的说话技巧，都能巧妙地运用拟定音、拟定声语法和慎重选择言辞、感情用语等技巧，并将那些机械的、多数字的、生硬的产品说明，变成有生命的生动言谈；另外，他们在表达有关产品使用后的感觉及评价时，也能利用巧妙的言辞，令客户产生一种身临其境的临场感。所以，每一位销售人员都应运用好这一技巧。

3．处理异议的礼仪

销售人员在推销过程中，难免会有客户提出这样或那样的要求，迅速妥善地排解异议，有利于推销工作的顺利进行。

（1）尊重客户异议

客户异议一般是在希望成交的基础上产生的。这既是对销售人员工作的支

持，也能给销售活动创造成功的可能性。尊重客户异议，就应当认真倾听客户异议的内容，仔细分析产生异议的原因，弄清客户的真正需要。

（2）绝对不与客户争吵

与客户争吵，对于销售人员来说，即使有充分的理由也是绝对不允许的。因为这不仅不利于销售工作的进展。也是极其无礼、无知的行为。正确的做法是：销售人员应尽量寻求双方的一致之处，对不太重要的事情，多表示赞同之意。

（3）把握时机处理异议

排解异议，实际上就是对客户选择购物过程的信息处理。销售人员要掌握时机，主动提出客户可能提出的异议，然后加以解释。这就比等客户提出后再被动地据实解释要婉转得多。这样，既降低了推销难度，又体现了为客户着想的精神，必然会赢得客户的信任，有助于建立良好的客户关系。

第七节　安全保卫服务礼仪

饭店保安部是饭店的一个重要职能部门，负责保障宾客的人身安全、财产安全、心理安全及员工和饭店的安全，其管理范围几乎涉及饭店的各个部门和区域，是饭店进行正常经营的前提和保证，其中在保障宾客安全方面应注意礼貌服务。

饭店大门的门卫既是迎宾员，又是经过安全方面训练的安全员。门卫在上岗时应服饰整洁、举止稳重、仪态威武，对待宾客礼貌迎送，答复询问不厌其烦，文明礼貌、有条不紊地指挥车辆，使客车道和停车场车辆进出井然有序，同时，能用眼光观察、识别可疑分子及可疑的活动。

专职保安巡逻员是与门卫密切配合负责饭店大门及门厅安全巡视的人员，负责对进出的人流、门厅里的各种活动进行监视。如发现行为可疑的宾客，应礼貌进行盘查或监控，没有特殊情况和未经批准，不允许随意扣压宾客证件，更不允许随便限制宾客的人身自由。

大厅的电梯服务员应礼貌迎送并协助宾客合理安排电梯上下，尽快疏散人流，保证宾客安全。同时，学会发现、识别可疑人物进入客房楼层，与在客房楼层巡视的保安人员配合，对进入客房楼层的可疑人物进行监视，必要时采取行动制止违法或犯罪行为。

客房楼层保安人员应认真进行日常巡视。在巡视中，应注意走道上有无徘徊的外来陌生人及不应该进入客房或客房区的饭店员工，同时应注意客房的门是否关好、锁好。如发现某客房的门虚掩，应礼貌地提醒宾客关上门；如宾客不在房内，可直接进入客房检查是否有不正常的现象。任何进入客房区域的饭店员工都有责任随时注意可疑的人和物，如发现不正常情况应及时向保安部报告，以保证宾客安全。

为保障宾客心理上的安全感，在饭店保证必要的防盗和消防设施完好的基础上，服务人员在服务时应注意礼貌规范服务，避免因种种服务不当行为使宾客心理上产生不安全感，如收费不合理，价格不公道，不敲门进房，随便翻动宾客的东西，不恰当的询问，不负责的查房，饭店气氛过于紧张，禁止通行、闲人莫入、此路不通的标牌随处可见，保卫人员表情严肃、态度生硬等。

思考与练习

1. 饭店的门厅接待人员、前台服务人员、电话服务人员有哪些礼仪要求？

2. 饭店的客房服务人员在宾客到店、住店、离店三个阶段有哪些服务礼仪要求？

3. 饭店的餐厅服务人员如何有礼貌地做好迎宾服务及宾客进餐服务工作？

4. 饭店的商品部服务人员接待服务有哪些礼仪要求？

5. 饭店的游泳池、保龄球馆、健身房、桑拿浴室、歌舞厅和美发美容室等服务人员的接待服务有哪些礼仪要求？

第六章 国际交往礼仪

国际交往礼仪，是指在对外交往活动中，用以维护自身和本国形象，向交往对象表示尊敬和友好的国际通用的礼宾仪式。随着市场经济的持续发展，我国的对外交往也不断增加。这些交际活动必须遵循一定的国际惯例，讲究一定的规格和形式，如迎送、会见、会谈、签字仪式、宴请等。饭店服务人员只有熟悉和掌握国际交往礼仪的基本常识，以丰富的业务知识和规范化程序服务于来宾，才能出色地完成每一次接待任务。

学习目标

☆掌握国际交往中的迎送礼仪。

☆掌握会见与会谈的礼仪要求。

☆掌握签字仪式的礼仪规范。

☆掌握宴请活动中的礼仪。

第一节　迎送礼仪

迎来送往是常见的国际交往礼节，饭店往往会承担相应的接待任务。即使在饭店的日常接待过程中，也会经常遇到迎接宾客和送别宾客的事情。迎送工作做得如何，直接关系到饭店在宾客心目中的形象和声誉。

一、饭店迎送原则

1．确定迎送规格

迎送规格主要依据宾客的身份和访问目的来确定，可适当考虑相互间的关系，同时要注意国际惯例，综合平衡。

为了避免造成厚此薄彼的印象，除非有特殊需要，一般都按常规办理，不要讲排场显阔气。

迎送规格因宾客的身份、国籍、单位而异。最高级的迎送规格就是迎接外国元首、政府首脑。对应邀前来访问者，无论是官方人士、专业代表团或民间团体、知名人士，在他们抵离时均应安排相应身份人员前往机场、车站、码头迎送。

2．主要迎送人员应与宾客身份相当

通常情况下，迎送人员要与宾客的身份相当。如果由于各种原因，迎送人员的身份不能与宾客完全对等，可灵活变通，由职位相当的人士或由副职出面。但是，迎送人员的身份不应与宾客的身份相差太远。

二、饭店迎接礼仪

1．接站礼仪

饭店服务人员在接待宾客的时候，要掌握下面几点：

（1）掌握宾客抵达时间

服务人员必须准确掌握宾客乘坐的飞机、火车、船舶抵达的时间，如有变化，应及时通知。

（2）事前准备

迎送身份高的宾客，事先在机场、车站、码头安排贵宾休息室，准备饮料。

并且派人到场等候宾客，代替办理相关手续和提取行李，宾客一到达就受到迎接。

（3）安排车辆与房间

如有条件为宾客安排汽车、预订住房，在宾客到达之前将乘车和住房相关信息通知宾客。如果做不到，可印好住房号或乘车表，在宾客刚到达时，及时发到每一个人手中，或通过对方的秘书转达。

（4）接站礼仪

对远道而来的宾客，应主动到车站、码头、机场迎接。一般要在班机、火车、轮船到达前15分钟赶到，这样不会使宾客因等待而产生不快。如要迎接不认识的宾客，最好举个小牌子，小牌子上面写着“热烈欢迎××先生（小姐）”等字样，既便于找到宾客，又给宾客留下美好的印象。

（5）服饰要求

迎接宾客时，应该穿着正装。在接待国际友人时，还应考虑到他们所能接受的服饰颜色，接待人员应熟悉各国人员对颜色的喜好。

2．陪车礼仪

宾客抵达后，可根据宾客的重要性，安排饭店迎送人员从机场到饭店陪同乘车。如果乘坐的是轿车，当饭店迎送人员开车时，要遵循“右为上，前为上，左为下，后为下”的原则，应该请宾客坐在迎送人员的右侧，此时司机旁的助手席为上席。有专职司机的时候，要遵循右为上，后为上，左为下，前为下的原则。如果有翻译，三排座的轿车，译员坐在主人前面的座位上，如果是两排座，译员坐在司机旁边。陪同人员通常位于宾客的左侧。

上车时，最好请宾客从右侧门上车，迎送人员从左侧门上车，避免从宾客座前穿过。如果宾客先上车，坐到了迎送人员的位置上，则不必请宾客挪动位置。

饭店在接待团体宾客时，多采用旅行车接送宾客。旅行车以司机座后第一排即前排为尊，后排依次为小。同一排座位的尊卑，从右侧往左侧递减。

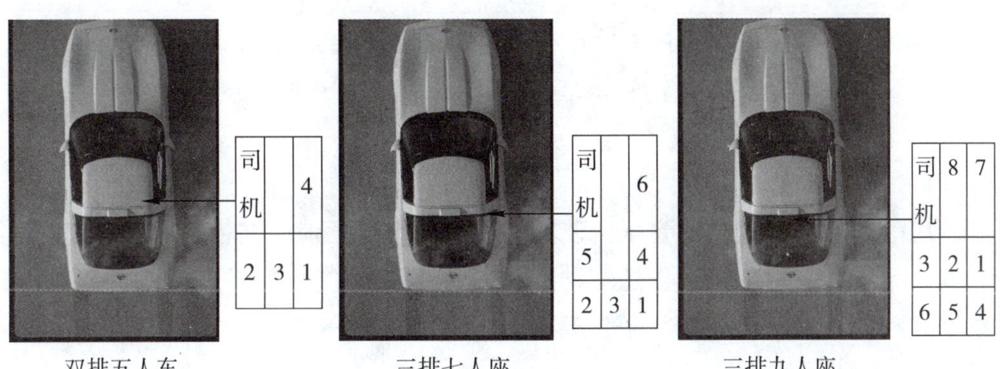

双排五人车　三排七人座　三排九人座

当驾驶者为司机时宾客优先座位图

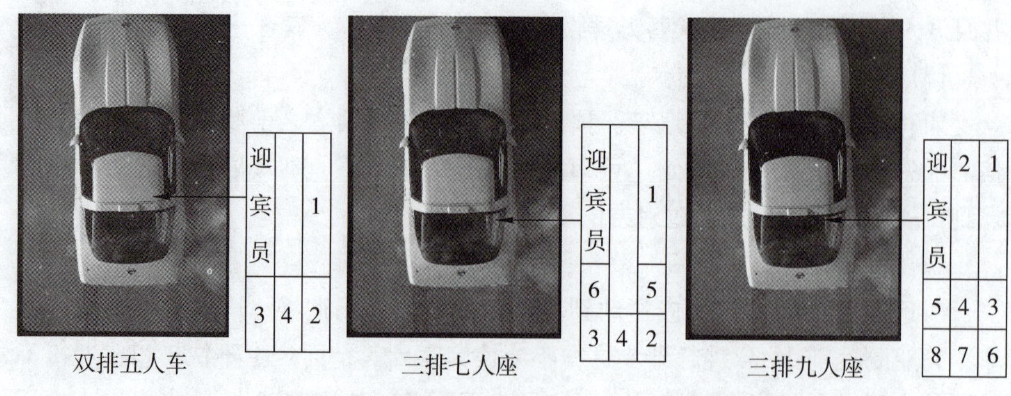

当驾驶者为迎宾员（主人）时宾客优先座位图

案例分析

在一个晴朗的日子里，迎宾人员小张正当班，一辆白色高级轿车向饭店驶来，司机熟练而准确地将车停靠在饭店豪华大转门前的雨棚下。小张看清车后端坐着两位身材魁梧、体格健壮的男士，前排副驾位上坐着一位身材较高且眉清目秀的女士。他一步上前，以优雅的姿态和职业性的动作，为宾客打开后门，做好护顶姿势，并注视宾客，致简短欢迎词以示问候，动作麻利规范，一气呵成，无可挑剔。关好后门，小张又迅速走到前门，准备以同样的礼仪迎接那位女士下车，但那位女士满脸不快，使小张茫然不知所措。

通常后排座为上座，凡一般有身份者皆就此座，优先为重要宾客提供服务是饭店服务程序的常规。这位女士为什么不悦？小张错在哪里？如何正确地提供开关车门服务？

深入思考

你作为一名饭店机场代表迎接一个12人团体下榻饭店，当这批宾客上旅行车时，如何根据宾客的具体情况安排座位（请用示意图来表示）？

3．到店时的接待礼仪

（1）房间布置

房间内可播放轻松的音乐，使宾客旅途的疲惫顿消。准备好宾客所在国语言的最新报纸。这样可以创造一种宾至如归的氛围，宾客有一种被尊重、优待的感觉，同时让宾客感到饭店的热情。

（2）欢迎问候

宾客到达饭店后，接待服务人员要笑脸相迎，按照先主宾后随员、先女宾后男宾的顺序进行欢迎问候。

（3）发放房卡

服务人员及时将房卡交给宾客，为宾客打开电梯门，用手势请宾客进入电梯，对行动不方便的宾客，应主动搀扶入电梯。

（4）列队欢迎

重要宾客或团队到达时，饭店要组织服务人员列队到门口欢迎。列队服务人员的服装要整齐，精神要饱满，宾客到达时要鼓掌，必要时饭店总经理和有关领导要出面迎接。在宾客没有全部进店或车辆未全部开走前不得解散队伍。

（5）安排休息

宾客抵达所住饭店后，应稍作休息，不马上安排活动。如果是团队宾客，一般按照事先的安排给宾客提供服务，如果宾客有特殊的需要，饭店服务人员应该在请示领导的基础上，尽量满足宾客的需要，切不可过于生硬地拒绝宾客的要求。

案例分析

一个旅行团傍晚抵达武汉一家饭店，在领队为团员分配房间时，一位宾客提出要单独住套房，以便接待自己当地的朋友。当领队和这位宾客到总台办理手续时，总台服务人员还没弄清楚情况就说：旅行团成员不能住套房。于是，这位宾客非常生气，不管总台服务人员如何解释，宾客都不满意，直到大堂经理赶来道歉，又做了弥补工作，宾客的气才消了。

为什么总台服务人员的回答引起了宾客的不满？团队宾客事先都有计划安排，当有宾客提出特殊要求的时候，服务人员应该怎么办？在此案例中，应该如何解决宾客提出的问题？

三、饭店送别礼仪

在宾客离店的时候，要根据迎接时的规格安排送别。一般来说，送别规格应与接待的规格大体相当，只有主人陪同客人的位置与迎宾时有所不同。迎宾是主人在前，客人在后；送客是客人在前，主人在后。

饭店服务人员在送别宾客时，应注意下列事项：

（1）准备好账单，切不可在宾客离开后，再赶上前去要求宾客补“漏账”。

（2）做好行李服务，将宾客的行李或者稍重的物品送到门口，如果宾客要求，还可帮助送到车上。

（3）为宾客安排好车子，并给宾客拉开车门，按先主宾后随员、先女宾后男宾的顺序或主随客便自行上车。

（4）送走宾客时，应向宾客道别，祝福旅途愉快，目送宾客离去，以示尊重。

（5）对于重要的宾客，还应该陪车送到机场、码头。

（6）送宾客离开时，应该准确掌握宾客离开的时间，在宾客登机、登船、登车之前抵达，提前代办各种手续。在国际活动中特别要遵守时间。

（7）对于重要的宾客，应安排送别仪式。

第二节　会见与会谈礼仪

在国际交往中，会见与会谈是一种十分重要的交往方式，它既有礼仪性，又有实质性，有广泛的适用范围，可以在不同的层次和各个不同方面的人员中进行。

一、会见礼仪

1．会见种类与安排

在国际上，会见通常称为接见或拜会。凡身份高的人士会见身份低的人士，或是主人会见客人，称为接见或召见。凡身份低的人士去会见身份高的人士，或是客人会见主人，称为拜会或拜见。拜见君主，又称谒见、觐见。我国国内不作上述区分。一律统称会见。接见和拜会后的回访，称回拜。

根据会见的内容不同，会见又可分为礼节性会见、政治性会见、事务性会见，或兼而有之。

会见通常安排在会客室、会客厅或办公室。各国的会见礼仪程序不尽相同。我国习惯在会客厅会见，来宾坐在主人的右边一侧，主宾席紧靠主人席，译员、记录员安排坐在主人和主宾的后面。主方陪见人在主人左边一侧按身份高低依次就座。如果座位不够，可在后排加座。

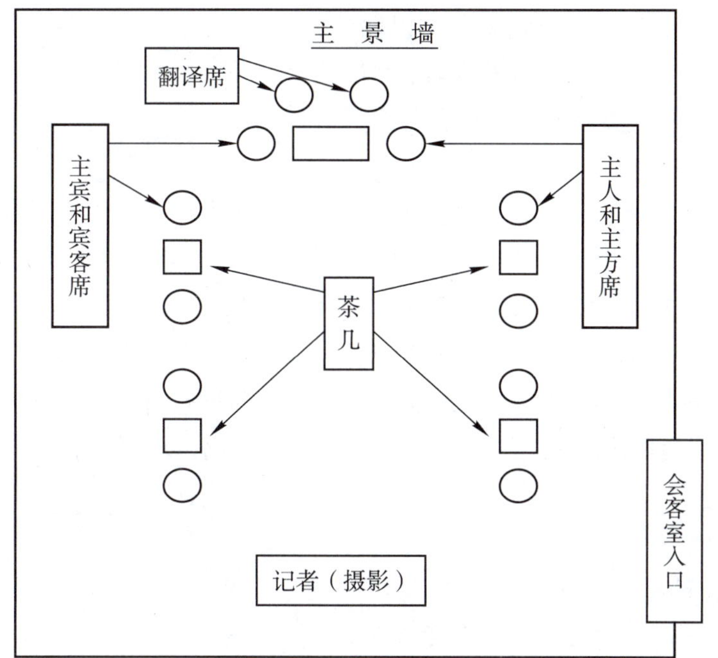

会见座位安排 1

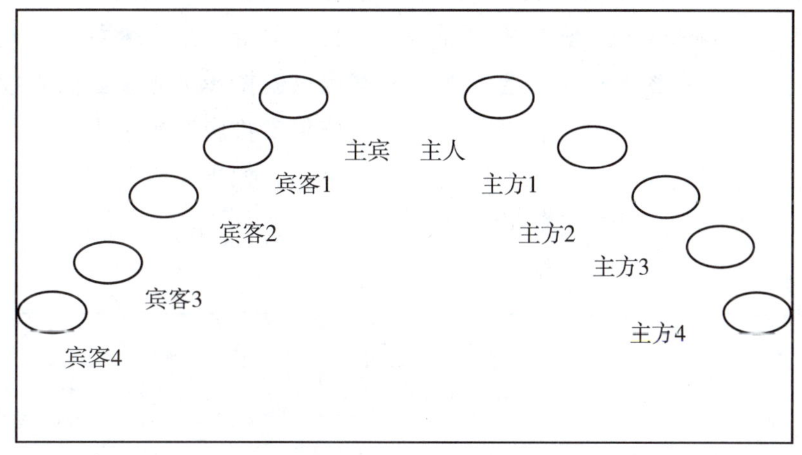

会见座位安排 2

2．会见的服务规程

（1）宾客到达时

服务人员要利用主人到门口迎接的间隙，迅速整理好茶几和沙发，然后用茶杯上茶，茶杯把手一律朝宾客的右手一侧。

（2）宾主入座后

一般由两名服务人员从主要的外宾和主人处开始递毛巾，递毛巾时要热情地道一声“请”。如果是一名服务员递毛巾，要先从外宾处开始，然后再递给主人。宾客用完毛巾，要及时收回，以保持台面整洁。如果会见中招待冷饮，上完毛巾后，接着上冷饮，其礼宾程序与上毛巾相同。上冷饮时，托盘中的冷饮品种要齐全，摆放要整齐，请宾客自选。

（3）会见期间

会见期间的续水一般在30分钟左右一次。续水用小暖瓶，并带小块毛巾。续水的礼宾程序与上毛巾相同。会见厅内的光线和温度应根据实际情况和主要宾客的要求而定。一般夏季24～25℃，冬季在20～22℃为宜。

（4）会见结束后

服务人员要及时把门打开，并对活动现场进行检查。在主人送走宾客返回时，应及时给主要领导送上一块热毛巾，并送主要领导和年老及行动不便的领导上车。

二、会谈礼仪

1．会谈种类与安排

会谈是指双方或多方就某些重大的政治、军事、经济、文化问题，以及其他共同关心的问题交换意见。会谈也可以指洽谈公务，或就具体业务进行谈判。一般来说，会谈的内容较为正式，政治性或专业性较强。双边会谈通常用长方形、椭圆形或圆形桌子，宾主相对而坐，以正门为准，主人坐背门一侧，来宾面向正门，双方主谈人居中。会谈时，有些国家安排译员坐在后面，我国习惯将译员安排在主谈人右侧。按惯例，译员的座位安排应尊重主人的意见。其他人按礼宾顺序左右排列。记录员通常安排在后面，如果是小范围的会谈，参加人数较少，也可安排记录员在前面就座。

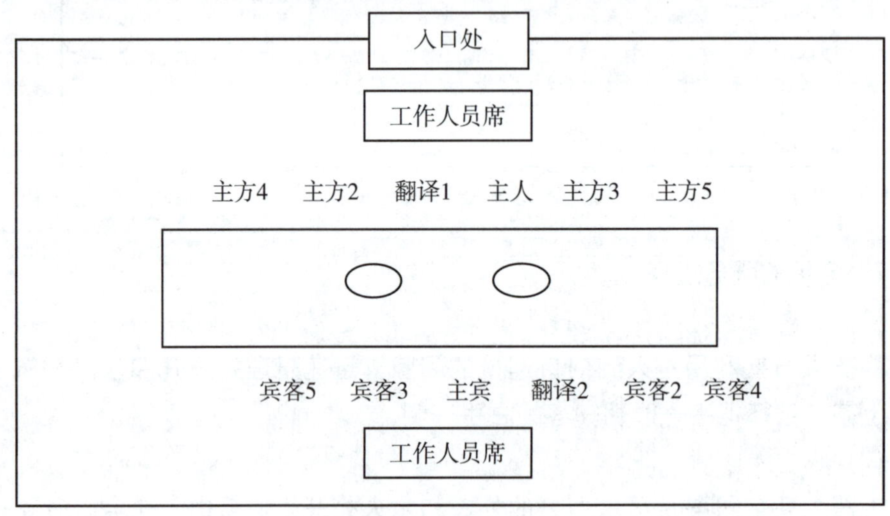

会谈场地布置图1

如果会谈长桌一端朝向正门，则以入门方向为准，右边为客方，左边为主方。多边会谈时，座位可摆成圆形、方形等。

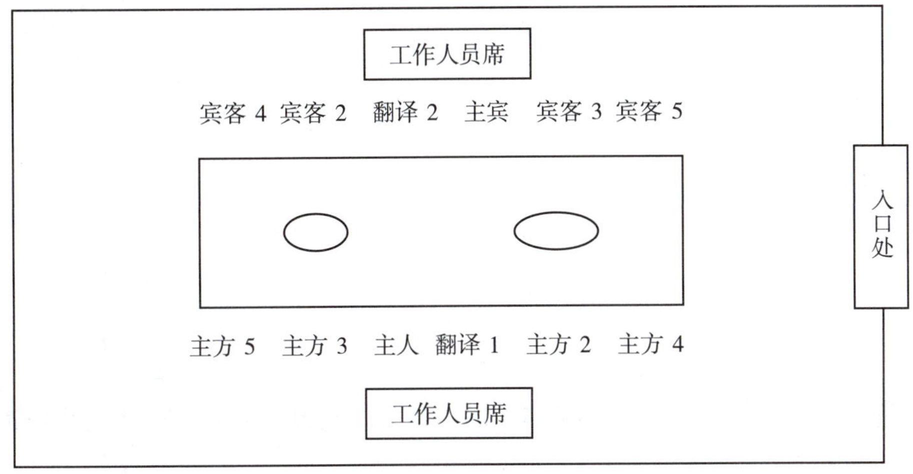

会谈场地布置图 2

2．会谈的服务规程

（1）配置会谈用品

在每个座位前桌面的正中摆放一本供记事的便笺。便笺的下端距桌面的边沿约 5 厘米。紧靠便笺的右侧摆红、黑笔各一支，便笺的右上角摆一个茶杯垫盘，盘内垫小方巾。

（2）会谈前准备

主人提前到达活动现场时，服务人员要将主人迎至会议室内周围的沙发上就座，用小茶杯上茶；宾客从住地出发时，服务人员在工作间内将茶杯沏上茶；主人到门口迎接宾客时，服务人员把茶杯端上，放在每人的茶杯垫盘上；宾主来到会谈桌前，服务人员要上前拉椅让座；当记者采访和摄影完毕，服务人员分别从两边为宾主双方递上毛巾，宾主用完后，应立即将毛巾收回。

（3）会谈中服务

会谈中间如果上牛奶、咖啡、干果等，应先把牙签、小毛巾（叠成长方形，每盘两块）、奶罐垫盘、咖啡杯垫盘上桌。然后把已装好的糖罐、奶罐（加勺）、咖啡杯（加勺）、干果盘依次上桌。会谈活动一般时间较长，可视宾客的具体情况及时续水、换笔等。如会谈中间休息，服务人员要及时整理好座椅、桌面用品等。整理时，注意不要弄乱和翻阅桌上的文件、木册等。

（4）会谈结束服务

会谈结束时，服务人员要照顾宾客退席，然后按善后工作程序做好收尾工作。

第三节　签字仪式

签字仪式既是一种非常常见和实用的仪式，也是谈判双方签署最终协议文本的一种礼仪方式。

一般来说，签字仪式多用于以下场合：国家间通过谈判，就政治、军事、经济、科技等某一领域相互达成协议，缔结条约或公约时；一国领导人访问他国，经双方商定达成共识，发表联合公报时；各地区、各单位在与国外交往中，通过会谈、谈判，最终达成有关合作项目的协议、备忘录、合同书时。业务部门之间签订的协议，一般不举行签字仪式。

一、签字仪式准备

签字仪式虽然时间不长，但由于它涉及各方面关系，同时往往是谈判成功的一个标志，因此一定要筹办得十分认真。

1．人员确定

出席签字仪式的人员，基本是参加谈判的全体人员。

2．必要的准备工作

首先是签字文本的准备，同时准备好签字用的文具、国旗等物品。

3．签字厅的布置

由于签字仪式的种类不同，各国的风俗习惯不同，我国一般在签字厅内设置长方桌一张，作为签字桌。桌面覆盖深绿色台呢，桌后放两把椅子，以面对正门方向为准，主左客右。座位前摆放各自的文本，文本上端分别放置签字的文具；签字桌中间还需摆入一个旗架，同时悬挂签字国双方的国旗。

如果有三四个国家缔结条约，签字仪式与上述相仿，只需相应增添签字人员座位、国旗、文具用品即可。如签多边公约，通常只设一个座位，由公约保存国代表带头签字，然后由各国代表按一定次序轮流在公约文本上签字。

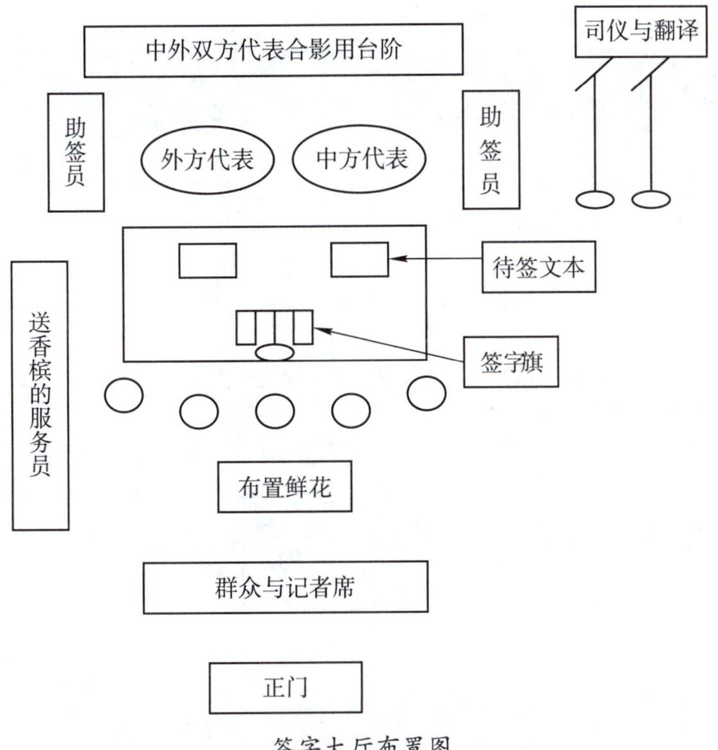

签字大厅布置图

二、签字仪式时悬挂国旗的方法

悬挂双方国旗，按照国际惯例，以面向国旗为准，右为上，左为下。几种挂旗方法及图示见表 6—1。

表 6—1　　挂旗方法及图示

挂旗法	图示
两面国旗并挂	（客方）　（主方）

续表

挂旗法	图示
三面以上国旗并挂	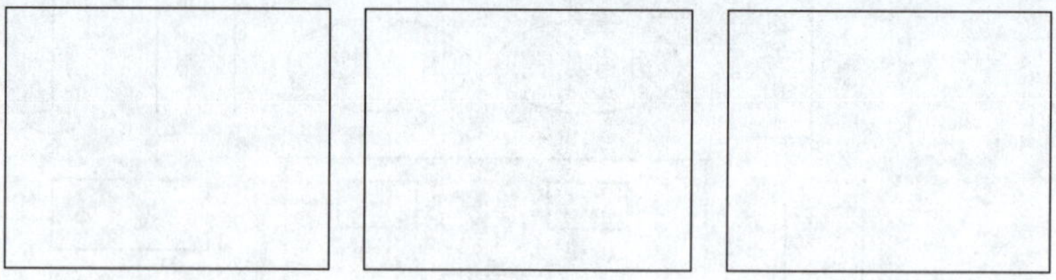 ① ② ③ 注：多面并列，主方在最后；如是国际会议，无主客之分，按会议规定的礼宾排列即可
交叉悬挂	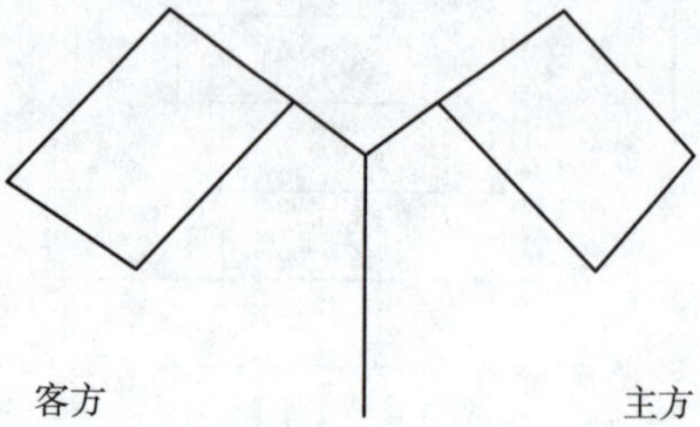 客方 主方
竖挂	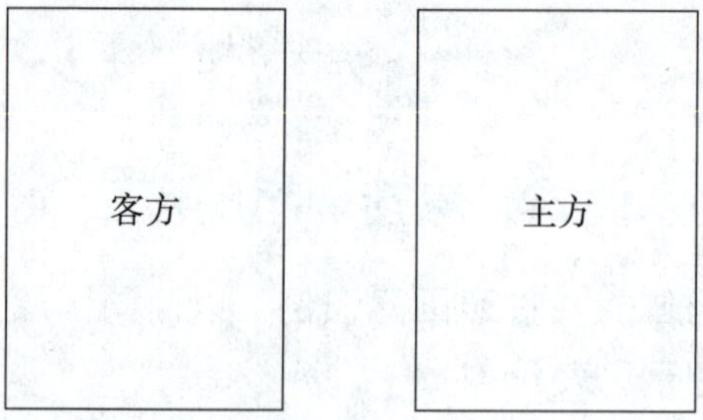 客方 主方

三、签字仪式的服务规程

宾主双方到达签字大厅时，服务人员要主动上前为签字人员拉椅让座。双方代表分别站在签字代表的身后。开始签字时，服务人员站在签字桌两头等候，准备签字后撤椅子，服务人员要迅速将香槟酒开启，倒入香槟酒杯内（约六七分满），端入签字大厅，分别站在签字台两侧约 3 米处，准备上酒。

涉外签字一般有两种文本，当签字人员在一种文本上签完后，由双方助签人员交换文本，当交换的文本签完后，双方签字代表站起来正式交换，在签字人员相互握手时，由两名服务人员上前迅速将签字椅撤除。随后，端托香槟酒的服务人员立即跟上，分别将酒端至双方签字人员面前，请其端取。接着从桌后站立者的中间开始，向两边由其依次分别端取。宾主举杯祝贺并干杯后，服务人员要立即上前用托盘接收酒杯，照顾签字代表退席。

第四节　宴请礼仪

宴请是为了表示欢迎、答谢、祝贺、喜庆等举行的一种隆重、正式的餐饮活动。宴请是国际交往中最常见的活动形式之一。

一、宴请的基本形式

常见的宴请形式有宴会、招待会、茶会和工作进餐四种，具体见表 6—2。

表 6—2　　宴请形式

宴请类型		说明
宴会	国宴	外交宴会中最隆重的一种形式，是由国家元首或政府首脑主持，为国家庆典或欢迎外国元首、政府首脑来本国访问而举行的正式宴会。宾主均按预先排定的席次入座。宴会厅内悬挂本国国旗，演奏本国国歌和席间乐，并致正式祝酒词。格调典雅庄重，时间以不超过一个半小时为宜
	正式宴会	仅次于国宴的外交宴会。所谓正式，是指所有程序都按一定的礼仪规则进行。除不挂国旗、不演奏国歌及出席者规格不同以外，其他的与国宴相仿，宾主均按身份排定席次就座，致正式祝酒词，有时也演奏席间乐
	便宴	一种非正式的宴会，可不排席次，可简短祝酒而不作正式讲话，使人有随便、亲切之感
	家宴	即在家中设宴招待宾客，西方人采用这种形式，以示对宾客亲切友好。家宴往往由主妇亲自下厨烹调，家人共同招待
招待会	冷餐会	菜肴以冷食为主，也适当加上两三道热菜，连同餐具陈放在桌上，供宾客自取。可以不设座椅，站立进餐，也可以设小桌和少量座椅。除桌上摆有座签的宾客须按位次入座外，其他大部分宾客和主人可以自由入席，随意走动，互相敬酒
	酒会	招待品以酒为主，配以各种果汁，略备小吃。以多种酒类配成的混合饮料的酒会，叫鸡尾酒会。酒会不设座，仅置小桌或茶几，以便宾客随意走动，广泛接触交谈。宾客可在请柬注明的时间以内的任何时候到达或者退席，来去自由，不受约束。如果请柬上没有注明结束时间，一般情况下可按两个小时左右掌握

续表

宴请类型		说明
茶会		茶会是一种日常的交际方式，通常在下午4时至6时开始，偶尔也有在上午举行的。一般不超过两个小时。仅备茶点待客，一边品茶，一边交谈。因此，茶叶、茶具的选择较为讲究，茶叶应具有地方特色，外国人多用红茶。茶具用陶瓷器皿，不宜用玻璃杯，也不要用暖水壶代替茶壶。茶会地点应设在客厅而不在餐厅。也有不用茶而用咖啡的，其组织安排与茶会相同
工作进餐		工作进餐是国际交往中经常采取的一种非正式宴请，分早、午、晚三种形式，一般以午餐为多。宾主在会谈协商期间，利用进餐的机会，边吃边谈，其费用有时由参加各方自付

二、宴请的组织和安排

1. 编排席次

按照国际上的习惯，桌次的高低以离主桌位置的远近而定，右高左低。桌数较多时，要摆桌次牌。一般而言，以面对大门、背靠饭厅或礼堂的主题墙面的位置为正位，定位为主桌位。

宴会可以用圆桌，也可以用长桌或方桌。一桌以上的宴会，桌子之间的距离要适宜，各个座位之间也要距离相等。如果安排乐队奏乐，不宜离宴席太近。

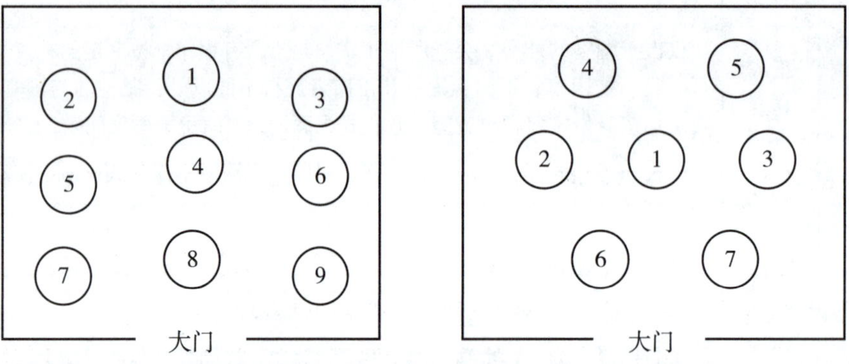

大型宴会桌次安排

安排宴会座次，要根据国内外不同的习惯。按我国习惯，通常情况是面朝入口处的座位为主人座位，主人对面是副主人位置，主人的右边为主宾，左边为第二副主宾，副主人位置的右边为第一副主宾，其余按先右后左顺序依此类推。依据国际惯例，座席安排应男女穿插，以女主人为准，主宾在女主人右边，主宾夫人在男主人右边。

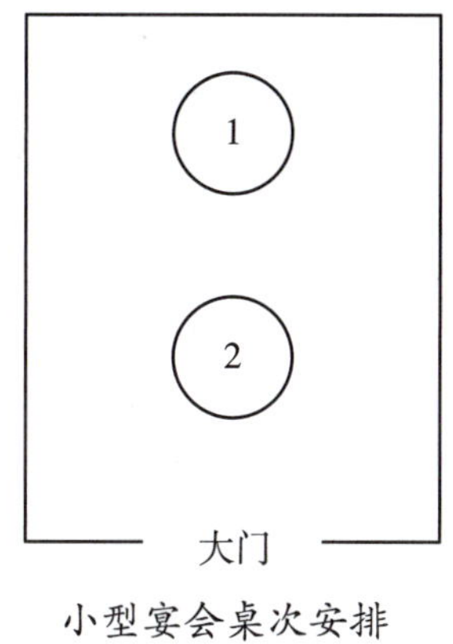

小型宴会桌次安排

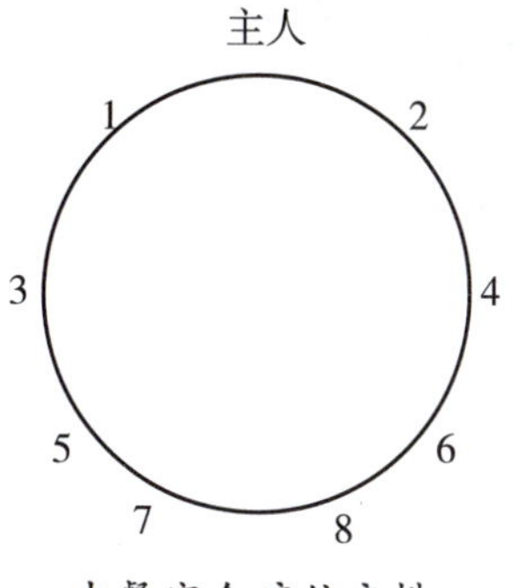

中餐宴会座位安排

对外交往中如遇特殊情况，可灵活安排座次。如主宾身份高于主人，为表示对其敬重，可把主宾安排在主人的位置上，而主人则坐在主宾的位置上，第二主人坐在主宾的左侧，也可以按常规安排。译员一般安排在主宾的右侧（若以长桌作为主宾席，译员可安排在主宾对面，以便于交谈）。在许多国家，译员坐在主宾和主人背后，并不上席，便于双方交谈。

具体安排席位时，还要考虑多种因素，如身份大体相同，语言、专业及信仰相近者可安排在一起；政见分歧过大、关系紧张者等应尽量避免安排在一起。

西餐席位安排仍遵循男左女右、右高左低这一基本原则，并要注意考虑宾客的职务、地位高低，以及人事关系、政治形势等因素排位。

2．宴会厅的布置

宴会厅的布置与装饰以宴会的类型和活动的目的为依据。大型宴会会场可以悬挂彩灯等饰物，餐桌上可摆放一些鲜花，但花形不可太高，否则会挡住客人的视线。宴会厅总的布置要求应该是宽敞整洁、庄重大方、空气清爽、设备齐全、布局合理。

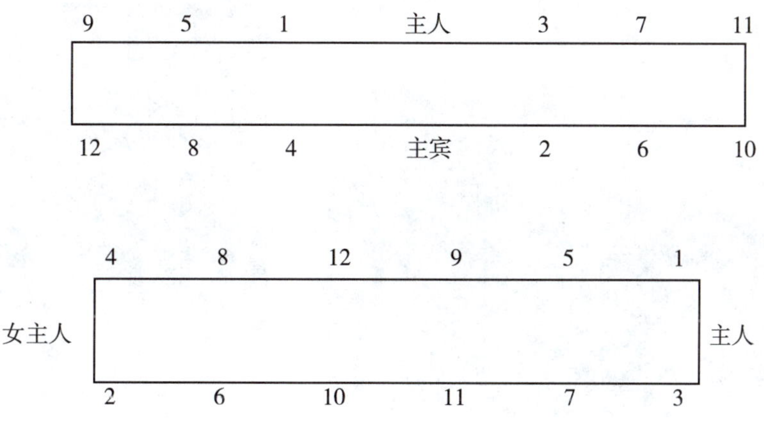

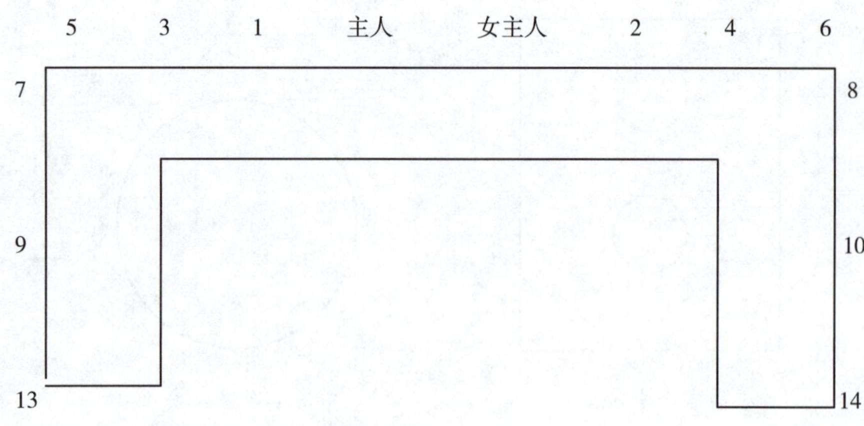

西餐宴会座位安排

三、宴请的程序

通常情况下，宴请的程序是：

1．主人在宴会厅门口迎候贵宾。宾客陆续到达，均由有关接待人员引进休息室，如无休息室则直接进入宴会厅，但暂不入座。

2．主宾到达后，由主人陪同进入休息室与其他宾客见面。当主人陪同主宾进入宴会厅时，全体宾客就座，宴会即开始。如果休息室小，宴会规模大，也可请主桌以外的宾客先入座，主桌上的贵宾最后入席。

3．如果主人和主宾要发表讲话，应由主持人先介绍，一般安排在热菜之后甜食之前，有时也可安排在刚入席时进行。首先主人致辞，然后主宾讲话。

4．菜单上的最后一道菜用毕后，主持人宣告宴会结束，主人与主宾起立，其他宾客方可离开。主宾告辞，主人送客至门口，主宾离去后，原迎宾人员仍按顺序排列，与其他宾客握别。

中餐宴会布置图

宴会服务场面

四、宴会服务工作注意事项

1. 宴会服务人员应了解宴会规格、目的、性质、名称等，对客人情况要做到“八知”和“三了解”。“八知”即知台数、知人数、知宴会标准、知开餐时间、知菜式品种及出菜顺序、知主办单位或房间、知收费办法、知邀请对象。“三了解”即了解宾客风俗习惯、了解宾客生活忌讳、了解宾客特殊需要。

2. 主人或主宾致辞时，服务人员要停止一切活动，不要随意走动，应站立在宴会厅旁边，保持安静。宾客敬酒时，服务人员应随后跟上，注意及时为宾客斟酒。

3. 按中餐宴会的惯例，服务顺序应从第一主人右方的主宾开始，按顺时针方向进行，最后再服务主人。如有两名服务人员同时服务，则其中一人按上述顺序开始，至第二主人右侧第一位宾客为止，另一人从第二主人右侧第一位宾客开始，依次按顺时针顺序服务。西餐宴会中，应按先女宾、后男宾、再主人的顺序服务。

4. 中餐宴会上菜位置一般选择在陪同和翻译人员之间，也有的选在第二主人右边。严禁从主人与主宾之间或宾客之间上菜，每一道菜均应先上主桌。西餐宴会应在每位宾客右边上菜、服务酒水。

知识链接

碰杯礼的由来

人们喜欢在喝酒之前先碰一下杯，这个习惯现在遍及全世界。它是怎么来的呢？

一种说法是喝酒碰杯起源于古希腊。传说古希腊人注意到这样一个事实，在举杯饮酒时，人的主要感官都可以分享到酒的乐趣：鼻子能嗅到酒的香味，眼睛能看到酒的颜色，舌头能够辨别酒的味道，而只有耳朵被排除在这一享受之外。怎么办呢？希腊人想出一个办法，在喝酒之前，互相碰一下杯子，杯子发出的清脆响声传到耳朵中，这样，耳朵就和其他器官一样，也能享受到喝酒的乐趣了。

另一种说法是，喝酒碰杯起源于古罗马。古代的罗马崇尚武功，常常开展“角力”竞技。竞技前选手们习惯于饮酒，以示相互勉励。由于酒是事先准备的，为了防止心术不正的人在给对方喝的酒中放药，人们想出一种防范的方法，即在角力前，双方各将自己的酒向对方的酒杯中倾注一些。以后，便逐渐发展成为碰杯礼仪。

思考与练习

1. 迎接礼仪包括哪些主要内容？
2. 会见分几种类型？会见座次如何安排？
3. 会谈的服务礼仪有哪些？
4. 简述签字仪式的注意事项。
5. 常见的宴请形式有哪些？宴请的桌次与座位安排应注意哪些问题？

第七章 我国主要客源国（地区）的习俗与礼仪

世界上有 200 多个国家和地区，超过 60 亿人口，分属于 2 000 多个大大小小的民族。他们有着不同的宗教信仰，有着各自独特的民族传统、风俗习惯和礼节形式。饭店服务要面向各个国家和地区的来宾，这就需要服务人员了解世界各国（地区）各民族的风俗习惯、礼貌礼节和禁忌等情况，以便在饭店服务中尊重不同宾客的信仰、习俗和各种禁忌，这不仅有利于饭店服务人员自身文化素养的提高，而且也是尊重宾客、发展与各国人民友好往来、使饭店服务工作顺利开展、树立我国在国际上良好形象的一种重要手段。

学习目标

☆掌握亚洲主要客源国和地区的礼仪习俗。

☆掌握欧洲主要客源国的礼仪习俗。

☆掌握北美洲和大洋洲主要客源国的礼仪习俗。

☆了解非洲和拉丁美洲主要客源国的礼仪习俗。

第一节　亚洲国家和地区的习俗与礼仪

亚洲是世界上面积最大的洲，有 40 多个国家和地区，大致有亚细亚和雅利安两大人种。亚洲的礼仪习俗有着东方古老文明的背景和浑厚东方文化的积淀，世界四大文明古国中，有三个在亚洲。亚洲是地理环境和社会文化差异最大的大洲，礼仪习俗千差万别。

一、日本

1．宗教信仰

日本人大多信奉佛教和神道教，少数人信奉基督教和天主教。日本的佛教是从中国传入的。

2．节庆

（1）新年（1 月 1 日），庆祝方式与中国差不多。

（2）成人节（1 月第二周的星期一），是满 20 岁青年的节日。

（3）儿童节，有男孩子节和女孩子节之分。男孩子节也叫端午节，女孩子节是每年 3 月 3 日，又称雏祭。

日本国花——樱花

日本传统服装——和服

（4）樱花节从每年的 3 月 15 日到 4 月 15 日。

（5）其他的节日如敬老节（9 月的第三个星期一）、文化节（11 月 3 日）等。

3．礼貌习俗

（1）日本人在待人接物及日常生活中，十分讲究礼貌，注重礼节。日本人善于用礼貌用语，最常用的敬语有“拜托您了”“请多多关照”“打扰您了”等。同时，他们忌问“您吃饭了没有”一类话。

（2）现在日本人外出大多穿西服。和服是日本传统的民族服装，在隆重的社交场合或节庆时他们也会穿和服。

（3）日本人与人见面时善行鞠躬礼，初次见面向对方鞠躬 90°，而不一定握手；只有见到朋友才握手，有时还拥抱。

（4）日本人在室内一般不做长时间谈话，只限于互致问候。在国际交往场合，则行握手礼。日本人一般不在家招待客人，如有事需要拜访，应事先约好。

（5）日本人好饮酒，不以喝醉为耻。

（6）和日本人打招呼，要称呼他们的姓，只有家人和朋友才称呼名字。

（7）日本人在任何场合都彬彬有礼，绝不使对方感到尴尬。一件事不管办成与否，日本人都报之以微笑。

（8）日本人看人，不是注视对方的双眼及脸部，而是看对方的脖子部位，他们认为盯着对方的脸部是不礼貌的行为。

（9）日本人喜爱鹤、龟、松、竹、梅等动植物。

4．禁忌

（1）颜色禁忌

日本人不喜欢紫色，认为紫色是悲伤的色调；最忌讳绿色，认为绿色是不祥之色。

（2）数字禁忌

日本人忌讳“4”，主要是“4”和“死”的发音相似，很不吉利；他们送礼特别忌讳“9”，会误认你把主人看作强盗。还忌讳 3 人一起“合影”。他们认为中间的人被左右两人夹着，是不幸的预兆。

（3）花卉禁忌

日本人忌讳赠送或摆设荷花，对菊花或装饰花图案的东西有戒心，因为它是皇室家庭的标志，一般不敢也不能接受这种礼物或礼遇。

（4）送礼禁忌

日本人送礼物忌送梳子，因为梳子的发音与死相近。

（5）动物禁忌

日本人对装饰有狐狸和獾图案的东西很反感，认为狐狸“贪婪”和“狡猾”，獾“狡诈”；很讨厌金、银眼的猫，认为见到这样的猫，会感到丧气。

（6）生活禁忌

日本人忌八筷：忌舔筷，即不准用舌头舔筷子；忌迷筷，即不准拿着筷子在饭菜上晃来晃去，举棋不定；忌移筷，即不准夹了一种菜又夹另一种菜，而不去吃饭；忌扭筷，即不准将筷子头反过去，吞在口里；忌插筷，即不准将筷子插在饭菜里，或是把它当作叉子，叉起饭菜吃；忌掏筷，即不准用筷子在饭菜里扒来扒去，挑东西吃；忌跨筷，即不准把筷子跨放在碗、盘之上；忌别筷，即不准用筷子当牙签用。除此之外，日本人还忌讳用一双筷子让大家依次夹取食物。

（7）饮食禁忌

日本人一般不吃肥肉和猪内脏，也有人不吃羊肉和鸭子。

案例分析

一位日本宾客在某饭店住店期间，身体发生不适，服务人员小张陪他去医院看病，并在宾客生病期间给予他周到的照顾，为此宾客非常感谢，送给小张一只日本钢笔。作为回赠，小张精心挑选了一把仿古木梳送给宾客，结果日本宾客却感到了不快。

为什么小张的礼物没有赢得日本宾客的好感呢？不了解宾客的禁忌就会经常出现好心办坏事的现象，这个案例对我们做好对客服务工作有什么启示？

二、韩国

1. 宗教信仰

韩国以信奉佛教为主，佛教徒约占全国人口的三分之一。

2. 节庆

韩国的农历节日与我国近似，也有春节、清明节、端午节和中秋节等。自古以来，韩国还流行妇女在端午节荡秋千的传统习俗。

3. 礼貌习俗

（1）韩国是一个礼仪之邦，居民普遍注重礼貌礼节。如晚辈对长辈，下级对上级，规矩严格，必须表示特别的尊重。晚辈与长辈握手时，还要以左手轻置于其右手之上，躬身相握，以示恭敬；与长辈同坐，要保持姿势端正、挺胸，绝不敢懒散；若想吸烟，须征得在场长辈的同意；用餐时不可先于长辈动筷等。

男子见面，可打招呼、相互行鞠躬礼并握手，但女性与人见面时，通常不与他人握手，只行鞠躬礼。

（2）韩国人一般不轻易流露自己的感情，在公共场所不大声说笑，颇为稳重有礼。女性笑时还用手帕捂住嘴，防止出声失礼。在韩国，女性十分尊重男性，双方见面时，总是女性先向男性行鞠躬礼，致意问候；男女同坐时，一般男性位于上座，女性位于下座。当众多人相聚时，往往也是根据身份高低和年龄大小依次排定座位，地位高、年长者优先在前。

韩国人很重视礼节礼貌

4．禁忌

（1）数字禁忌

韩国人忌讳的数字是“4”和“13”，因发音与“死”相同的缘故，韩国人对“私”、“师”、“事”等也尽量不使用。

（2）饮食禁忌

韩国人早餐不吃稀饭，也不喜爱吃带甜酸味的热炒菜肴。

（3）送礼禁忌

韩国人的民族自尊心很强，反对崇洋媚外，倡导使用国货。在赠送礼品时，最好选择鲜花、酒类和工艺品。

三、新加坡

1．宗教信仰

（1）华裔新加坡人一般信奉佛教，而且很虔诚，他们有在室内诵经的习惯，诵经时外人切不可打扰。华裔新加坡人来华喜欢进佛寺烧香、跪拜并捐香火钱。

（2）印度血统的新加坡人多数信仰印度教。

（3）马来血统、巴基斯坦血统的新加坡人多数信奉伊斯兰教。

（4）还有一些新加坡人是信奉天主教和基督教的。

2. 节庆

（1）春节

华裔新加坡人过春节时，有孩子守岁、大人祭神祭祖、放鞭炮、长辈给孩子压岁钱、走亲访友、迎神、演戏、赶庙会、举办灯会等风俗习惯，犹如中国唐代、宋代过春节一样。

（2）食品节

新加坡把每年 4 月 17 日食品节定为全国法定节日。节日来临时，食品店准备许多精美食品，国人不分贫富，都要购买各种食品，合家团聚或邀请亲友，以示庆贺。

3. 礼貌习俗

（1）新加坡人待人处事彬彬有礼，总习惯笑脸迎送客人。

（2）新加坡人对吉祥字、吉祥图画等都有特殊的感情，对“喜”“福”“吉”“鱼”字都非常喜欢，认为这些字都预兆着吉利。

（3）新加坡人酷爱花草，“兰花”是他们偏爱的花种。他们特别喜欢在装饰华丽、花草繁多的环境中宴请、攀谈或休息。

新加坡以文明卫生著称

（4）新加坡人特别讲究卫生，喜欢沐浴，爱穿绸料衣服。

（5）新加坡人偏爱红色，认为红色艳丽夺目，对人有激励作用。他们还把红色看成是庄严、热烈、刺激、兴奋、勇敢和宽宏的象征。

（6）新加坡人的时间观念较强，有准时赴约的良好习惯。他们认为准时赴约是对人的尊重和礼貌。他们的闲谈话题，一般都是旅游中的见闻和一些在经济方面的成就。

（7）新加坡人在社交场合与宾客相见时，一般都惯行握手礼。在与东方人相见时，也有施鞠躬礼的习惯（即轻轻鞠一躬）。

（8）与新加坡人交谈时，要回避宗教和政治方面的话题，切不要就所提供的食品说什么幽默的玩笑话。

4．禁忌

（1）数字禁忌

新加坡人忌讳有人口吐脏言，不喜欢“4（死）”和“7（消极）”等数字。

（2）语言禁忌

新加坡人对“恭喜发财”之类的话反感，认为这有教唆他人发不义之财的意思，是挑逗、煽动他人损人利己的有害言语。

（3）动物禁忌

新加坡人忌讳乌龟，认为这是种不祥的动物，给人以色情和污辱的印象。

（4）行为禁忌

新加坡的印度人、马来人忌讳左手传递东西或食物，认为使用左手是一种不礼貌的行为。

（5）生活禁忌

在新加坡，大年初一扫帚必须都收藏起来，绝不许扫地。他们认为这一天扫地会把好运气都扫走的。

四、马来西亚

1．宗教信仰

马来西亚人大多信奉伊斯兰教，少部分人信奉佛教、基督教、天主教和印度教。伊斯兰教为该国国教。

2．节庆

除国庆节、元旦外，马来西亚的穆斯林要过两个重要的宗教节日，即开斋节和古尔邦节。开斋节在伊斯兰教历的 9 月 29 日或 10 月 1 日。古尔邦节在伊斯兰教历的 12 月 10 日。

3．礼貌习俗

马来西亚人友好和善，注重礼节，尊老爱幼，其礼貌、礼节规范类似其他信奉伊斯兰教的国家。

4．禁忌

（1）饮食禁忌

马来西亚人忌食狗肉、猪肉，忌用使猪皮革制品，忌用漆筷（因传统漆筷在制作过程中用了猪血）；忌谈及猪、狗的话题。马来西亚是禁酒的，因此不能用酒来招待客人。

友善的马来西亚人

（2）行为禁忌

马来西亚人认为左手是不干净的，不能用左手为别人传递东西。在公共场合，不论男女，衣着都不得露出胳膊和腿部。

（3）颜色禁忌

马来西亚人忌用黄色，不穿黄色衣服，认为单独使用黑色是消极的。

（4）数字禁忌

马来西亚人忌讳的数字是“0”“4”和“13”。

活动平台

填表，指出日本、韩国、新加坡和马来西亚在数字上的禁忌。

国名	日本	韩国	新加坡	马来西亚
数字禁忌				

五、泰国

1．宗教信仰

泰国境内遍布着千余座佛教寺庙，泰国人大多数笃信佛教，该国以佛教中的小乘教为国教。男子成年后必须去寺庙至少当三个月的和尚，即使王公贵族也不例外。和尚穿黄衣，故泰国也有“黄衣国”之称。

泰国人多信佛教

2．节庆

（1）元旦，又称佛历元旦，是泰国的主要节日，庆祝非常隆重。

（2）水灯节（泰历12月15日，公历11月间）。

（3）宋干节，也叫泼水节（公历每年4月13日至15日）。

（4）春耕礼（每年5月），由国王亲自主持的泰国宫廷大典之一。

3．礼貌习俗

（1）泰国人进寺庙烧香拜佛或参观时，必须衣冠整洁，若在庙堂中赤胸露背，衣冠不整，会被认为玷污了圣地，对神佛失敬。每个人必须脱下鞋子方可进庙。

（2）泰国人常用的礼节是行“合十”礼。朋友相见，双手合十，稍稍低头，互相问好。晚辈向长辈行礼，双手合十举过前额。长辈要回礼以表示接受对方的行礼。年纪大或地位高的人还礼时双手可不过胸。行礼时双手举得越高表示越尊敬对方。

(3) 在泰国，若有位尊者或年长者在座，其他人无论或蹲或跪，头部都不得超过尊者或年长者的头部，否则是极大的失礼。给人递东西都要用右手，因为他们认为左手不洁。传递物品时不能扔过去，因为这样做是不礼貌的行为，不得已这样做了要说声“对不起”。别人坐着时，不可把物品越过他的头顶；从坐着的人身边经过时，要略微躬身以示礼貌。

4．禁忌

(1) 行为禁忌

泰国人最忌触摸别人的头部，因为他们认为头是智慧的所在，是宝贵的。小孩子不可触摸大人的头部；若打了小孩子的头，他们认为一定会生病。

泰国人睡觉忌讳头向西方，忌用红笔签名，因为头朝西和红笔签名都意味着死亡。

泰国人忌脚底朝向别人和在别人面前盘腿而坐，忌用脚把东西踢给别人，也忌用脚踢门。泰国人就座时，忌跷腿，妇女就座时双腿要并拢，否则会被认为无教养。

在泰国，男女仍然遵守授受不亲的戒律，故不可在泰国人面前表现出男女过于亲近。

当着泰国人的面，最好不要踩踏门槛，因为他们认为门槛下住着神灵。

(2) 颜色禁忌

泰国人忌讳褐色，喜欢红色、黄色，并习惯用颜色来表示不同的日期。如，星期一为黄色，星期二为粉红色，星期三为绿色，星期四为橙色，星期五为淡蓝色，星期六为紫红色。

(3) 动物禁忌

在泰国，忌讳狗的图案。

深入思考

如果你是一名饭店迎送人员，当一位泰国客人乘车前来饭店时，你应当如何做好开启车门的服务工作?

六、我国台湾地区

1．宗教信仰

台湾信奉佛教和道教的信徒约占全省入口的34%；信奉天主教、基督教的约占3%；另外还有部分居民信奉伊斯兰教、天理教、轩辕教、大同教、理教等。

2．节庆

台湾同胞非常重视中国传统文化，非常注重过传统的农历节日，如春节、端午节、中秋节等，同时，受西方文化的影响，许多人过西方的一些节日，如圣诞节、情人节等。

3．礼貌习俗

（1）台湾同胞是很注重文明的，人们都很讲究社交礼貌。无论见面、会友，还是交际、拜访，在举止言行方面，他们特别注意尊重他人。

（2）台湾民间一般都以红色为吉祥的象征。探亲访友时，他们总习惯把礼物用红纸包起来送人。

（3）台湾同胞很喜欢数字“6”，有“六六顺”之说，又因“6”与“禄”同音，是有钱财、有福气的吉祥表示。

（4）台湾同胞在社交场合与人见面时，一般都以握手为礼，信奉佛教的人社交礼节为双手合十礼。

4．禁忌

（1）生活禁忌

台湾人忌讳别人打听他们的工资收入、年龄和家庭住址。

（2）行为禁忌

台湾人讨厌有人冲他眨眼，认为这是一种极不礼貌的行为。

（3）送礼禁忌

台湾人忌讳以扇子、手巾、雨伞、甜果、粽子和剪刀赠人。

七、我国港澳地区

1．宗教信仰

港澳人主要信仰佛教、道教，也有一部分人信仰天主教和基督教新教。

2．节庆

（1）港澳人重视中国的传统节日，如春节、清明节、端午节、中秋节和重阳节等，节庆方式与祖国内地相似。

（2）西方的情人节、复活节、母亲节、父亲节和圣诞节期间也很热闹。

3．礼貌习俗

（1）港澳同胞在社交场合与人相见时，一般是以握手为礼。亲朋好友相见时，也有用拥抱礼和贴面颊式的亲吻礼。

（2）他们向人表达谢意时，往往用叩指礼（即把手指弯曲，以几个指尖在桌面上轻轻叩打，以表示感谢）。

（3）港澳人几乎在所有场合都是矜持和拘礼的，要避免一切可能使其失面子的矛盾冲突。

4．禁忌

（1）生活禁忌

香港人忌讳别人打听自己的家庭地址，忌讳询问个人的工资收入、年龄状况等情况。

（2）语言禁忌

他们对“节日快乐”之语很不愿意接受，因为“快乐”与“快落”谐音，是很不吉利的。

（3）数字禁忌

他们忌讳数字“4”，因为“4”与“死”谐音，故一般不说不吉利的“4”，非说不可的情况下，常用“两双”或“两个二”来代替。

深入思考

试比较台、港、澳同胞的礼仪习俗与我国大陆同胞的礼仪习俗有什么异同？饭店服务人员在为台、港、澳同胞服务时应该注意哪些要求？

第二节　欧洲国家的习俗与礼仪

习惯上，人们还可把欧洲细分为东、西、南、北、中五个区域，其中北欧的瑞典、芬兰、丹麦、挪威，西欧的英国、荷兰、法国、比利时，中欧的德国、奥地利、瑞士以及南欧的意大利、西班牙等国家，不但自然环境优美、文化古迹多，而且工业相当发达，国民生活水平高，自然会吸引世界各地的游客前往观光游览。同时，每年大量的欧洲游客也涌向世界各地，那里是世界上最大的客源地区。

一、英国

1．宗教信仰

绝大部分英国人信奉基督教，只有北爱尔兰地区的一部分居民信奉天主教。

2．节庆

（1）英国除了宗教节口外，还有不少全国性和地方性的节日。在全国性节日中，国庆和除夕之夜是最热闹的。英国国庆，按历史惯例定在英王生日的那一天。除夕之夜全家围坐，聚餐饮酒，为辞旧迎新要唱辞岁歌。

（2）英格兰的新年礼物是煤块，拜亲访友时进门要把煤块放入主人家的炉子内，并说：“祝你家的煤长燃不熄。”

3. 礼貌习俗

（1）英国人重视礼节和自我修养，所以也注重别人对自己是否有礼。英国人很少在公开场合表露自己的感情。

英国一家男子礼仪学校的学员正在进行顶书行走训练。这一项目是经典体姿训练法之一，可使学员的行走仪态更加端庄优雅

（2）英国人，特别是年长的英国人，喜欢别人称呼他们的世袭头衔或荣誉头衔，至少要用先生、夫人、阁下等称呼。见面时对初次相识的人行握手礼。若请英国人吃饭，必须提前通知，不可临时匆匆邀请。英国人若请人到家赴宴，可以晚去一会儿，但不可早到，若早到，有可能主人还没有准备好，导致失礼。

（3）英国人特别欣赏自己的绅士风度，认为这种风度是他们的骄傲。他们不喜欢别人问及有关个人生活的问题，如职业、收入、婚姻等，就是上厕所，也不直接说，而代之以“我想洗手”等，提醒别人时也说：“你想洗手吗？”

（4）英国人较注意服饰及打扮，什么场合穿什么衣服都有讲究。他们相信“外表决定一切”，因此尽量避免感情外露。

（5）下班后，英国人不谈公事，特别讨厌就餐时谈公事，也不喜欢邀请有公事交往的人来自己家中吃饭。在宴会上，若英国人当主人，他可能先为女子敬酒，敬酒之后宾客才能吸烟、喝酒。当着英国人的面吸烟时，要先礼让。

（6）“女士优先”在英国比世界其他国家都明显，与英国妇女交往时必须充分尊重她们。和英国人闲谈最好谈天气等，不要谈论政治、宗教和有关皇室的小道消息。安排英国宾客的住房时，要注意他们喜欢住大房间并愿意独住的特点。

（7）在英国，朋友之间讲究送礼，但礼品不能送得过多过重，否则就会被误认为是在贿赂，而不敢接受或不高兴接受。

4. 禁忌

（1）数字禁忌

英国人对数字除忌讳“13”外，还忌讳“3”，特别忌讳用打火机或火柴连续为他们点第三支烟。一根火柴点燃第二根烟后应及时熄灭，再用一根火柴点第三个人的烟才不算失礼。

（2）行为禁忌

与英国人谈话，若坐着谈，应避免两腿张得过宽，更不能跷起二郎腿，若站着谈，不可把手插入衣袋。忌当着英国人的面耳语，不能拍打肩背。

（3）动物禁忌

英国人忌用人像作商品装潢，忌用大象图案，因为他们认为大象是蠢笨的象征。英国人讨厌孔雀，认为它是祸鸟，把孔雀开屏视为自我炫耀和吹嘘。

（4）植物禁忌

英国人忌送百合花，他们认为百合花意味着死亡。

二、法国

1．宗教信仰

大多数法国人信奉天主教，少数信奉基督教和伊斯兰教。

法国国庆阅兵

2．节庆

（1）过年

法国人过年，家中的酒要全部喝完，他们认为过年若不喝完家里的酒，来年就要交厄运。法国人过其他节日也大量喝酒。

（2）万灵节

万灵节是法国人祭奠先人及为国捐躯者的节日，也称诸圣节。

（3）体育节

每年 3 月中旬的第一个星期日为法国的体育节。

3．礼貌习俗

（1）法国人初次见面，一般不需要送礼；第二次见面时，则必须送点什么礼物，否则就会被人认为是失礼的。礼品的选择注意体现对主人的衷心赞美和诚挚祝福，但不能过于亲密。法国人不赠送或接受有明显广告标记的礼品，而喜欢有文化价值和艺术水平的礼品。

（2）法国妇女热爱打扮，早、午、晚的服饰都有变化。

（3）法国人乐于助人，谈问题不拐弯抹角，但不急于下结论，下结论后都明确告知对方。约会讲准时，不准时被认为是不礼貌的。在公共场所，法国人不随便指手画脚、挖鼻子、剔牙、掏耳朵，不喜欢听蹩脚的法语。

（4）法国人待人彬彬有礼，礼貌语言不离口。稍有不当，如偶尔碰了别人一下，就认为自己失礼而马上道歉。在公共场所，他们从不大声喧哗。

(5) 法国人行接吻礼时，规矩很严格，朋友、亲戚、同事之间只能贴脸或颊，长辈对小辈是亲额头，只有夫妇和情侣才真正接吻。

4. 禁忌

(1) 颜色禁忌

法国人认为，黄色和红色是不吉利的颜色，认为黄色花象征不忠诚；忌黑桃图案，视之为不吉利；忌墨绿色，因为纳粹军服是墨绿色；忌送香水给一般的女性友人，在法国，送香水给女人意味着求爱。

(2) 动物禁忌

法国人忌仙鹤图案，认为仙鹤是蠢汉和淫妇的象征。

(3) 花卉禁忌

一般情况下，作为礼品送几支鲜花，是最好不过了，但菊花、杜鹃花在葬礼上才使用。除此之外，有些法国人还认为核桃是不祥之物。

(4) 生活禁忌

法国人最忌讳初次见面时询问对方的年龄，尤其是女子，要是初次见面时问她多大年纪，她一来反感，二来不愿讲出自己的真实岁数。

(5) 数字禁忌

法国人有一个普遍的忌讳是不能请人坐13号座位、住13号房间，城镇的门牌号也难以见到“13”，往往以“12B”或“14B”来代替13。

案例分析

北京某饭店里举行一场盛大宴会，各国在京的重要商人汇聚一堂，听取某大公司总经理关于寻找合作伙伴的讲话。

会后，宾客被请到了大宴会厅。每张桌上都放着一盆大绣球似的黄澄澄的菊花插花，远远望去，甚是可爱。宾客按指定的桌位一一坐定，但引座服务员发觉，左边有几张桌子前仍有数名宾客站着，不知是对不上号还是有别的原因，于是她走上前去了解。原来，那些宾客都是法国人，法国人认为黄菊花是不吉利的，因此不肯入座。

为什么会发生宾客不肯入座的事？如果你是该服务人员，遇到这样的情况，会如何处理？这个事件给了你什么样的启示？

三、德国

1. 宗教信仰

德国人大多信奉基督教新教和天主教，此外还有东正教、伊斯兰教和犹太教。

2. 节庆

（1）慕尼黑啤酒节

除传统的宗教节日外，德国举世闻名的节日就是慕尼黑啤酒节。每年 9 月最后一周到 10 月的第一周要连续过半个月啤酒节，热闹非凡，节日期间所喝的啤酒可以汇集成河。

慕尼黑啤酒节

（2）科隆狂欢节

科隆狂欢节从每年 11 月 11 日 11 时 11 分开始，要持续数十天，到来年复活节前 40 天才算过完。

（3）妇女节

过完复活节后第一周的星期四是妇女节。妇女们在这一天不但可以坐上市长的椅子，还可以拿着剪刀，在大街上公然剪下男子的领带。

3. 礼貌习俗

（1）德国人与亲朋好友、熟人见面，一般行握手礼。情侣或夫妻见面时则行拥抱、亲吻礼。

（2）德国人待人接物严肃拘谨，但态度诚恳坦率。如果在街上向陌生的德国人问路，那么他会热情地、不厌其烦地指点迷津。如果他自己不知道，会去向别人问清楚或者不辞辛苦地陪你走上大段路，直到问路者彻底弄明白为止。

（3）德国人在礼节上讲究形式，约会讲准时。在宴会上，一般男性要坐在女性和职位高的人的左侧。女性离开和返回饭桌时，男性要站起来以示礼貌。请德国人进餐，事前必须安排好。他们不喜欢别人直呼其名，而要称头衔。德国人接电话要首先将姓名告诉对方。与德国人交谈，可谈有关德国的事及个人业余爱好或体育，如足球之类的运动。

4. 禁忌

（1）颜色禁忌

除宗教禁忌外，德国人对颜色禁忌较多，茶色、黑色、红色、深蓝色他们都忌讳。

（2）花卉禁忌

德国人忌吃核桃，忌送玫瑰花。

（3）生活禁忌

和德国人交谈，不要谈篮球、垒球和美式橄榄球运动。

四、意大利

1．宗教信仰

绝大多数意大利人信奉天主教。天主教在意大利有着很大的传统影响，首都罗马内的梵蒂冈是世界天主教的中心。

2．节庆

（1）意大利人过基督教三节的盛况为世人所瞩目。

（2）意大利的狂欢节在世界上也很有名。狂欢节在每年2月中旬进行，比德国狂欢节时间短，和巴西的狂欢节过法也不相同。此外，还有罗马建城节、情人节等。

（3）意大利的蛇节无疑使害怕蛇的人望而生畏，因为这一天人们手中拿着蛇，街上爬着蛇。

（4）意大利人在除夕放鞭炮，摔瓶子和花盆等，热闹非凡。

3．礼貌习俗

（1）意大利人有晚睡的习惯，夜间的文娱生活是丰富多彩的。

（2）意大利人亲友之间经常跳舞联欢，待人接物也颇有艺术情调。他们的见面礼是握手或以手示意。意大利大学生毕业后一般都有头衔，喜欢别人称呼他们的头衔。

（3）有些意大利人不大注意约会的准时。

4．禁忌

（1）花卉禁忌

意大利人忌菊花，因为菊花是他们祭坟扫墓时才用的花。

（2）送礼禁忌

在意大利，如果要送一件礼物给朋友，千万不要送手帕，因为那象征着情人的离别。

（3）行为禁忌

给意大利人倒酒时，切忌反手倒，这意味着“势不两立”。

（4）生活禁忌

与意大利人的谈话内容可以是家庭、工作、新闻及足球，但不要与他们谈论政治。

五、俄罗斯

1．宗教信仰

俄罗斯人主要信仰东正教，它是该国的国教。

2．节庆

俄罗斯人每年要过圣诞节、洗礼节、谢肉节、清明节和旧历年等。

3．礼貌习俗

（1）俄罗斯人性格豪放、开朗，喜欢谈笑，组织纪律性强，习惯统一行动。

（2）这个民族认为给客人面包和盐是最尊敬的表示。

（3）俄罗斯人与人相见，开口先问好，再握手致意；朋友间行拥抱礼并亲吻面颊；与人相约，讲究准时，尊重女性。在社交场合，男性还帮女性拉门、脱大衣，餐桌上为女性分菜等。称呼俄罗斯人要称其名和父名，不能只称其姓。

（4）俄罗斯人重视文化教育，喜欢艺术品和艺术欣赏。

（5）当代年轻的俄罗斯人中，也有不少开始崇拜西方文化，酷爱摇滚乐、牛仔裤等舶来品。

（6）俄罗斯人普遍习惯洗蒸汽浴，洗法也很特别，洗时要先用柳树枝抽打身子，然后再用冷水浇身。

4．禁忌

（1）生活禁忌

与俄罗斯人交往不能说他们小气，初次结识俄罗斯人忌问对方私事，不能与他们在背后议论第三者，对妇女忌问年龄。

（2）数字禁忌

俄罗斯人忌讳数字“13”，不喜欢“星期五”，视“7”为吉利数字。

（3）颜色禁忌

俄罗斯人忌讳黑色，喜欢红色。

（4）花卉禁忌

俄罗斯人忌讳送菊花、杜鹃花、石竹花和黄色的花。

活动平台

在下表中写出英国、法国、德国、意大利和俄罗斯等欧洲国家的人在见面、称呼、花卉、数字和颜色等方面的礼仪与禁忌。

礼仪与禁忌 国名	见面	称呼	花卉	数字	颜色
英国					
法国					
德国					
意大利					
俄罗斯					

第三节　北美洲国家的习俗与礼仪

北美洲位于西半球、北半球，东临大西洋，西临太平洋，北临北冰洋，为世界第三大洲。这里种族和民族成分复杂，居民以欧洲移民后裔为主。美国和加拿大占北美洲面积的绝大部分和人口的大部分，是世界上两大经济发达地区，对外贸易地位重要，也是我国主要的旅游客源国。

一、美国

1．宗教信仰

在美国，大约有30%的人信仰基督教，20%左右的人信仰天主教，其他人信仰东正教、犹太教、佛教等多种宗教。

2．节庆

（1）独立日

美国的国庆称“独立日”，在每年的7月4日。

（2）圣诞节

圣诞节是美国人最重视的节日。

（3）感恩节

感恩节也叫火鸡节，在每年11月的第四个星期四举行。

美国感恩节大游行

（4）父亲节

父亲节定在每年6月的第三个星期日。

（5）母亲节

母亲节定在每年5月的第二个星期日。

（6）植树节

美国的植树节是为纪念农学家莫尔顿的提议而设立的，故以他的生日4月22日为节日。

3. 礼貌习俗

(1) 美国人一般都性格开朗，乐于与人交际，而且不拘泥于正统礼节，没有过多的客套。美国人与人相见时不一定以握手为礼，而是笑笑说声“你好”就算有礼了；分手时也是习惯地挥挥手，说声“明天见”或“再见”。如果别人向他们行礼，他们也会用相应的礼节作答，如握手、点头、行注目礼、行吻手礼等。美国人行接吻礼只限于对特别亲近的人。

(2) 对于美国女性，不要存男女有别的观念，要充分尊重她们的自尊心。见面时，如果她们不先伸手，不能抢着要求握手；如果她们已伸手，则要立即做出相应的反应，但不能握得又重又紧，长时间不松手。

(3) 接待美国人时，要注意他们有晚睡晚起的习惯。但他们与人交往能遵守时间，很少迟到。他们通常不主动送名片给别人，只有双方想保持联系时才送。当着美国人的面如想吸烟，必须先问对方是否介意，不能随心所欲，旁若无人。

(4) 现代的美国人平时不太讲究衣着，只有在正式的社交场合才讲究服饰打扮。美国女性日常有化妆的习惯，但不浓妆艳抹。在她们眼里，化淡妆是一种需要，也表示尊重别人。

(5) 美国人讲话，礼貌用语很多，“对不起”“请原谅”“谢谢”“请”等脱口而出，显得很有教养。美国人很重视隐私权，忌讳被人问及个人私事。在接待中，用一根火柴或打火机为美国人点烟时，切记不能连续点三支烟，这样会引起他们的反感。正确的方法是一根火柴点一根或两根烟，再用另一根火柴点第三根烟。

4. 禁忌

(1) 数字禁忌

美国人忌讳“13”和“星期五”等。他们认为“13”不吉利，会给人带来不幸。美国人对“星期五”也同样抱有恐惧心理。

(2) 动物禁忌

美国人忌讳用蝙蝠作图案的商品和包装，认为这种动物吸人血，是凶神的象征。

(3) 生活禁忌

美国人忌讳与穿着睡衣的人见面，这是严重失礼的。

(4) 送礼禁忌

美国人不提倡人际交往送厚礼，否则要被怀疑别有用心。

(5) 饮食禁忌

美国人饮食上忌食各种动物的五趾和内脏，不吃蒜，不吃过辣食品，不爱吃肥肉，不喜欢清蒸和红烩菜肴。

案例分析

一天，参加工作不久的杨小姐被派到外地出差。在卧铺车厢里，碰到一位来华旅游的美国姑娘。美国姑娘热情地向杨小姐打招呼，杨小姐觉得不与人家寒暄几句实在显得不够友善，便大大方方地与对方聊了起来。

交谈中，杨小姐询问对方："你今年多大岁数呢？"美国姑娘所答非所问地说："你猜猜看。"杨小姐自觉没趣，又问道："你这个岁数，一定结婚了吧？"更令杨小姐吃惊的是，对方居然转过头去，再也不理她了。一直到分手，两个人再也没说一句话。

请问，为什么美国姑娘再也不理杨小姐了？

二、加拿大

1．宗教信仰

加拿大人部分信仰天主教、基督教新教。

2．节庆

加拿大人多为欧洲血统，宗教信仰上沿袭祖先，所以该国的节庆都是西方国家共有的，如圣诞节、感恩节等。

3．礼貌习俗

（1）加拿大人讲究实事求是，与他们交往不必过于自谦，不然会被误认为虚伪和无能。

（2）加拿大人通常行握手礼，讲究使用礼貌语言，注重必要的礼节。

4．禁忌

（1）花卉禁忌

除天主教、基督教的忌讳以外，加拿大人还忌讳别人赠送白色的百合花。加拿大人只有在葬礼上才使用这种花，这点要千万注意。

（2）颜色禁忌

在颜色方面，他们一般不喜欢黑色和紫色。

（3）生活禁忌

在宴席上，他们惯常喜用双数（偶数）安排座次。

（4）数字禁忌

"13"和"星期五"是加拿大人忌讳的数字。

（5）行为禁忌

加拿大哈德逊湾的居民忌讳铲雪，即使积雪阻塞交通，堆满住宅四周，也不动手铲雪。这是因为他们视白雪为吉祥物，雪积得越多越可防止邪魔的入侵和伤害。

深入思考

“入境而问禁，入国而问俗，入门而问讳”。讲的是人们出门在外，要注重当地习俗。为什么饭店服务人员还要学习和了解国外客人的礼仪与习俗，而且在工作中要尊重他们的习俗呢？为什么不能用我们的习俗去接待每位客人呢？

第四节　大洋洲国家的习俗与礼仪

大洋洲是世界上陆地面积最小的大洲。16 世纪以前，这里人烟稀少，只有土著人居住。后来随着英国和其他欧洲移民的迁居，大洋洲诸岛就成了英国等发达国家的殖民地。现在这里的国家大多摆脱了殖民统治，取得了独立。澳大利亚和新西兰是这一地区经济最发达的国家。

一、澳大利亚

1. 宗教信仰

大多数澳大利亚人信奉天主教和基督教。

2. 节庆

（1）国庆节（1 月 26 日），纪念首批移民到澳大利亚定居。

（2）圣诞节（12 月 25 日），当北半球的国家在 12 月底的冬季欢度圣诞节的时候，位于南半球的澳大利亚正处于仲夏时节，所以，澳大利亚的圣诞节与众不同，别有情趣。圣诞老人穿着大红皮袄、踏着雪橇，在烈日下大汗淋漓，与吃着冰淇淋的人们形成鲜明的对照。

3. 礼貌习俗

（1）澳大利亚人见面时行握手礼，握手时非常热烈，彼此称呼名字，表示亲热。

（2）澳大利亚人办事爽快、认真，喜欢直截了当，也乐于交朋友；碰见陌生人喜欢主动聊天，共饮一杯酒后，就交上了新朋友。

（3）澳大利亚人注意遵守时间并珍惜时间。

4．禁忌

（1）行为禁忌

在澳大利亚，即使是很友好地向人眨眼（尤其是女性），也会被认为是极不礼貌的行为。

（2）动物禁忌

澳大利亚人认为兔子是一种不吉祥的动物，人们看到它都会感到倒霉，因为这预示着厄运将要临头。

（3）数字禁忌

澳大利亚人很讨厌数字“13”，认为“13”会给人们带来不幸和灾难。

（4）语言禁忌

澳大利亚人忌讳“自谦”的客套语言，认为这是虚伪、无能或看不起人的表现。

二、新西兰

1．宗教信仰

新西兰人大多数信奉基督教新教和天主教。

2．节庆

新西兰的主要节日为国庆节（2 月 6 日）、圣诞节等。

3．礼貌习俗

新西兰人与澳大利亚人一样，见面行握手礼，守时惜时，待人诚恳热情，没有英国式的保守刻板。

4．禁忌

（1）数字禁忌

新西兰人把数字“13”视为凶神，无论做什么事情，都要设法回避“13”。

（2）语言禁忌

新西兰人不愿谈论有关种族方面的问题。

（3）饮食禁忌

新西兰人不喜欢吃带黏汁或过辣的菜肴。

第五节　非洲和拉丁美洲国家的习俗与礼仪

非洲位于东半球，赤道横贯该洲中部。非洲是世界第二大洲，也是民族成分最复杂的大洲。非洲经济发展不平衡，文化具有多样性，其礼仪习俗随民族部落和原始宗教的不同而呈现复杂性和多样性。

整个美洲除了美国、加拿大以外的地区，又称“拉丁美洲”，包括南美洲和北美洲南部，居民主要使用西班牙语和葡萄牙语。拉丁美洲的礼仪习俗主要继承西班牙、葡萄牙等国的传统，也受当地传统的影响。

一、埃及

1．宗教信仰

埃及人大多信奉伊斯兰教。

2．节庆

埃及的主要节日有国庆节（7 月 23 日）、开斋节（伊斯兰教历 10 月 1 日）、古尔邦节（伊斯兰教历 12 月 10 日）和惠风节（4 月）。

3．礼貌习俗

（1）埃及人与宾朋相见或送别时，一般都习惯以握手为礼，或施拥抱礼，还时兴亲吻礼。埃及人进入清真寺之前要记住脱掉鞋子。

（2）向埃及人递送或接受埃及人赠送的礼物时要用双手或右手，切忌用左手。

（3）招待埃及客人时，一定要备有非酒类饮料，尽管酒类饮料的消费正日益广泛地被人接受。

（4）不要把盘子里的食品吃光，这被认为是不礼貌的。

（5）与埃及人聊天时，应避免谈论中东的政治问题。

4．禁忌

（1）饮食禁忌

埃及人绝对禁食自死物、血液和猪肉制品。埃及人不吃海参、蟹等形状奇怪的海产品，不吃红烩带汁和没熟透的菜，也不喜欢吃整鱼和带骨刺的鱼。

（2）数字禁忌

对少数信奉基督教和犹太教的教徒而言，埃及人有忌讳数字“13”的习俗。

（3）生活禁忌

埃及人在吃饭时，一般都不与人随意交谈。他们认为边谈话边吃饭会浪费粮食，是对先知的不敬。

埃及人特别忌讳谈“针”这个字和借针使用。尤其是每日下午三点到五点这段时间内，无论说“针”字或借针使用，都会遭到冷遇。

（4）颜色禁忌

埃及人忌讳黑色与蓝色。他们把这两种颜色看成是不祥的色彩。

（5）行为禁忌

埃及人忌讳用左手传递东西或食物，认为左手是肮脏、下贱之手。

案例分析

某饭店入住了一位来自埃及的商人。出租车在饭店门前停下，迎宾人员开门时，没有以通常的方式用手遮住车门上框请宾客下车。当饭店经理闻知这位宾客是来专办喜事的，于是决定将坐东朝西的620房间给他。接着，趁宾客去见未婚妻的间隙，饭店经理组织员工布置新房，并亲自动手将原来驼色的地毯换成一块波斯地毯，另外还配备一块小地毯，专供宾客做宗教仪式用，一间典型的穆斯林式新房很快就布置完毕了。两小时后，宾客回到房间，眼前突然的变化使他欣喜若狂，他只不过向服务人员吐露过一句关于举办婚礼的话，没想到饭店竟如此高效率，给了他一个意外惊喜。新婚期间，饭店还为他配备两辆专车提供昼夜服务。婚礼结束后，新婚夫妇在外出旅游前对饭店经理说：“请为我们保留这个房间，等我们回来后还要住，房费照付。”以后这位宾客每次来，都住在这家饭店。

饭店在哪些方面体现了对这位宾客的尊重？宾客为什么会感到意外的惊喜？满足宾客宗教习俗要求，对提高饭店服务质量有什么重要意义？

二、墨西哥

1．宗教信仰

墨西哥人绝大多数信奉天主教。

2．节庆

墨西哥的主要节庆有行宪纪念日（2月5日）、独立纪念日（9月16日）、万圣节（11月1日）、万灵节（11月2日）、革命纪念日（11月20日）和圣诞节（12 月 25 日）。

3. 礼貌习俗

（1）墨西哥人在社交场合最常用的礼节是微笑和握手礼。墨西哥人与熟人、亲戚、朋友之间相见，一般都以亲吻和拥抱为礼节。

（2）墨西哥人以热情好客著称，对老人和女性十分尊重。

热情的墨西哥人

4. 禁忌

（1）数字禁忌

墨西哥人忌讳“13”和“星期五”。

（2）生活禁忌

墨西哥人视公共场所出现“男子穿短衫，女子穿长裤”为有失体面。他们认为“男子穿西服，女子穿长裙”才合情理。

（3）花卉禁忌

墨西哥人忌讳有人送给他们黄色或红色的花，他们认为黄色意味着死亡，红色花会给人带来晦气。

（4）动物禁忌

墨西哥人忌讳蝙蝠及其图案和艺术造型。因为他们认为蝙蝠是一种吸血鬼，给人以凶恶、残暴的印象。

（5）颜色禁忌

墨西哥人忌讳紫色，认为紫色是一种不祥之色，因为只有棺材才涂这种颜色。

活动平台

课余时间，收集某一国家礼仪习俗的有关资料，在课堂上就该国的礼仪习俗进行交流，谈谈针对该国的礼仪习俗，饭店服务人员如何做好服务工作？

思考与练习

1. 简述日本人和韩国人的宗教信仰、主要节庆、礼貌习俗与禁忌。
2. 简述港、澳、台同胞的宗教信仰、主要节庆、礼貌习俗与禁忌。
3. 简述英国人、法国人、德国人、意大利人和俄罗斯人的宗教信仰、主要节庆、礼貌习俗与禁忌。
4. 简述美国人和加拿大人的宗教信仰、主要节庆、礼貌习俗与禁忌。
5. 简述澳大利亚人和新西兰人的宗教信仰、主要节庆、礼貌习俗与禁忌。

第八章 宗教礼仪

宗教是一种社会现象，也是一种意识形态。历史上，随着社会形态的发展和各种政权形式的出现，宗教由自然崇拜到氏族图腾崇拜、民族崇拜、祖先崇拜，最后形成了教派繁多的各种形式的世界性宗教。据不完全统计，目前全世界信教者约占世界总人口的75%。由此可见，宗教作为一种社会文化现象，其影响是非常广泛的。了解宗教知识，掌握宗教的一般礼仪和禁忌常识，尊重宾客的宗教信仰，是饭店服务人员做好接待服务工作的必要前提。

学习目标

☆掌握佛教的礼仪与禁忌。

☆掌握基督教的礼仪与禁忌。

☆掌握伊斯兰教的礼仪与禁忌。

☆掌握道教的礼仪与禁忌。

第一节　佛教礼仪

在世界三大宗教中，佛教创立最早，传入中国也最早。目前，全世界约有3亿佛教信徒，分布在86个国家和地区，主要集中在亚洲。中国可以说是佛教的第二故乡。佛教在长期的传播过程中，形成了各具地区和民族特色的教派，确立了佛教各派共同承认的基本教义和佛教徒共同遵守的礼仪习俗和节日。

一、佛教基础知识

1. 称谓

佛教在各国的教制、教职不尽相同，称谓也不完全一致。如泰国设有僧王，但别国则不设。在我国寺院中主要负责人称“方丈”或“住持”，负责内部事务的人员称“监院”，负责对外联络的人员称“知客”，他们被尊称为“长老”“高僧”“大师”或“法师”。

佛教徒中出家的男性称“比丘”，简称“僧”，俗称“和尚”；出家的女性称“比丘尼”，简称“尼”，俗称“尼姑”。凡出家的佛教徒必须剃除须发，披上袈裟，称为“披剃”。僧尼一经“披剃”，即入住寺院，开始过与世俗隔绝的生活。

2. 威仪

这是指僧尼行、住、坐、卧时应保持的威仪德相，即行如风，站如松，坐如钟，卧如弓。

3. 受戒

这是僧尼接受佛教戒律的仪式。受戒后的僧尼必须严格遵守佛教的各种清规戒律。僧尼在寺庙中通常一日二餐，过了中午12点钟就不能吃东西。僧尼不沾荤腥。在佛门中荤是指葱、蒜、辣椒之类气味浓烈、辛辣的食品，因为吃了这些食物就不利于修行，所以教规不允；鱼、肉属腥类食

僧尼进膳

品，佛教经典中有禁食鱼、肉的明文规定。此外，僧尼不得结婚等均为受戒后要老老实实自觉执行的。

4. 合十

合十也称合掌，这是指佛教徒之间或佛教徒与他人见面时行的一种礼节。合十时双手手心相对并拢，手指朝上，置于胸前，口中念道“阿弥陀佛”，以示敬意。如果在合十的同时又蹲下，则为行大礼。

5. 顶礼

顶礼是向佛、菩萨或上座行的礼。行礼时双膝跪下，舒两掌过额头承空，头顶叩地，以示头触佛足，毕恭毕敬，可谓“五体投地”。

顶礼

6. 朝山

这是指佛教徒到名山大寺去进香拜佛。小乘佛教徒进入寺庙时须脱鞋，进殿只朝拜“释迦牟尼”佛像；大乘佛教徒进入寺庙可不脱鞋，进殿除朝拜佛祖外，还要朝拜弥勒佛、观世音，以及三世十方众佛和菩萨。

二、佛教节日

1. 佛诞节

佛诞节又称浴佛节，是纪念佛教创始人释迦牟尼诞生的节日。由于说法不一，所以世界各国佛诞节的时间也不相同。我国汉族地区的佛教徒以农历四月初八为佛诞日；日本在明治维新以后改用公历四月八日为佛诞节，又称花节。

2. 成道节

成道节是纪念释迦牟尼成佛的节日。相传释迦牟尼是在农历十二月初八悟道成佛，这一天即为成道节。我国汉族地区，每逢农历十二月初八（腊八）要以大米及果物煮粥，即“腊八粥”供佛，并逐渐演化为腊月初八吃“腊八粥”的民俗。而世界各国佛寺及僧众每逢此日都要举行以诵经为中心的纪念活动。

3. 涅槃节

涅槃节是纪念释迦牟尼逝世的节目。由于南北佛教对释迦牟尼逝世年月的说法不一，所以过节的具体日期不尽相同。中国、朝鲜、日本等国的大乘佛教，一般以每年农历二月十五日为涅槃节。每年此日，各佛教寺院都要悬挂佛祖图像，举行涅槃法会，诵《遗教经》等。

三、佛教禁忌

（1）佛教徒忌以怨报怨，在他们看来，以怨报怨，怨恨非但不能冰消瓦解，反而越结越深。

（2）佛教有五戒、八戒、十戒等戒律。“五戒”是不杀生、不偷盗、不邪口、不妄语、不饮酒。“八戒”是在“五戒”外另加不卧高广大床，不装饰打扮及歌舞戏乐，不食非时食（正午过后不吃饭，不超过规定时辰饮食）。“十戒”是在“八戒”外还有不涂饰香发，不蓄金银财宝。

（3）在老挝，佛教徒守持五戒，一般只禁食人、象、虎，豹、狮、马、狗、蛇、猫、龟十种肉。午后除病僧外，一律忌食用要嘴嚼的食品。

（4）在缅甸，佛教徒忌吃活物，持不杀生与放生的习俗。忌穿鞋进入佛堂与一切神圣的地方。他们认为制鞋用的是皮革，是杀生所得，并且鞋子踏在脚下，是肮脏的物品，会玷污圣地，受到报应。

（5）在日本，有佛事的祭柜、膳桌上忌上带腥味的食品，忌妇女接触寺庙里的和尚，忌妇女送东西给和尚。

（6）在泰国，佛教徒最忌讳别人摸他们的头。

（7）在中国，佛教忌别人随意触摸佛像，寺庙里的经书、钟鼓以及活佛的身体、佩戴的念珠等被视为圣物。

活动平台

分组讨论饭店服务人员为什么要了解宗教礼仪？每组选派一名学生上台做交流发言。

第二节　基督教礼仪

本节提到的基督教是指广义的基督教，包括天主教、东正教和新教（即狭义的基督教），以及其他小分支。基督教是世界上信徒最多、分布最广的宗教。全世界基督教信徒达 20 亿人，占世界人口的 33%，遍布世界 200 多个国家，主要分布在欧洲、美洲和亚非一些地区。

一、基督教基础知识

1．称谓

对教会神职人员，可按其教职称为某主教、某牧师、某神父等，以示尊敬；与教会神职人员相对，普通信徒之间可称平信徒。我国平信徒之间，习惯称“教友”。

新教的教徒称兄弟姐妹，意为大家同是上帝的儿女，还可称同道，意为共同信奉耶稣所传的道。

牧师

基督的洗礼

2．洗礼

洗礼是基督教的入教仪式。经过洗礼后，就意味着教徒的所有罪都获得了赦免。

3．礼拜

礼拜是信徒们在教堂中进行的一项包括唱诗、读经、祈祷、讲道和祝福的宗教活动，通常在每周日举行，即“主日礼拜”。另有少数教派是规定星期六（安息日）做礼拜，称为“安息日礼拜”。

4．祈祷

祈祷亦称祷告，指向上帝和基督耶稣求告的宗教仪式。其内容可以是认罪、感谢、祈求和赞美等。祈祷有口祷和默祷两种形式。

教徒在做祷告

唱诗

5．唱诗

唱诗即领唱或合唱赞颂、祈求、感谢上帝的赞美诗。这些赞美上帝的诗歌，大多有高音、中音、次中音、低音四部，以供合唱之用。

6．告解

告解俗称忏悔，是信徒单独向神职人员表白自己的过错或罪恶，并有意悔改的宗教仪式。

7．终傅

终傅是基督徒临终前请神职人员为其敷擦“圣油”（一种含有香液的橄榄油）用以赦免其一生罪过的宗教仪式。

8．守斋

基督教规定，教徒每周五及圣诞节前夕（12 月 24 日），只食素菜和鱼类，不食其他肉类。天主教还有禁食的规定，即在耶稣受难节和圣诞节前一天，只吃一顿饱饭，其余两顿只能吃得半饱或者更少。

9．婚配

教堂婚礼

教徒结婚可在教堂举行，并由牧师或神父主持婚礼仪式。在询问男女双方是否同意结为夫妇，得到双方肯定回答后，主礼人诵念规定的祈祷经文，宣布他们为合法夫妻，并向新婚夫妇祝福。

二、基督教节日

1. 圣诞节

圣诞节是纪念耶稣诞辰的节日。由于历法不同，大多数教会定于每年的12月25日为圣诞节，东正教会则定为每年的1月6日或7日。这是西方国家每年最隆重的节日。

耶稣诞生

2. 复活节

复活节是纪念耶稣复活的节日。耶稣复活的意义在于战胜死亡。公元325年，基督教会规定每年春分月圆后的第一个星期天为复活节，一般在每年3月21日至4月25日。由于东正教沿用儒略历，故通常要比天主教、新教规定的日期迟两个星期。

3. 圣灵降临节

据《圣经》记载，耶稣“复活”后第40日“升天”，第50日差遣“圣灵”降临，门徒领受圣灵后开始传教。据此，基督教会规定，每年复活节后第50天为圣灵降临节，又称五旬节。

深入思考

对生活在周围的人群作个调查，了解他们对圣诞节的看法，并思考为什么圣诞节对我们生活的影响越来越大？这种影响主要体现在哪些方面？

三、基督教禁忌

(1) 唯一崇拜上帝，忌拜别的神，忌造别的偶像，忌妄称上帝的名字。

(2) 忌杀人、奸淫、盗窃，出假证明陷害他人，忌对别人的妻子与财物有不轨行为。

(3) 应邀到基督教徒家中作客，送给女主人礼物的数目忌是“13”，日期忌在星期五。

(4) 基督教把复活节前40天规定为斋戒节。在节日期间一般于星期五守大斋（禁食），小斋（禁食肉）。禁食时忌讳脸上带着愁容，忌讳举行婚礼和参加非宗教的娱乐活动。

(5) 不食动物的血。

(6) 基督教徒在进餐前往往要祷告，非基督教徒与他们一同用餐时，应待其祷告结束后再一起进餐。

案例分析

一位美国商人到泰国曼谷进行商务活动，他周五住进了曼谷著名的东方饭店，发现饭店把他安排在二楼靠近楼梯的地方。因为基于宗教的原因，他不能在星期五乘电梯，曼谷东方饭店通过客户档案了解到这一情况，便做出了上述安排。从这以后，这位美国商人就成为该饭店的常客。

为什么该饭店的服务能赢得宾客的好感？尊重宾客的宗教信仰对宾客意味着什么？由此，你受到了哪些启发？

第三节　伊斯兰教礼仪

伊斯兰教是当今世界信徒最多的三大宗教之一，其宗旨是主张人类和平相处，顺从真主安拉的意志。信仰伊斯兰教的人被称为“穆斯林”，意为顺从者、和平者。

一、伊斯兰教基础知识

1．称谓

伊斯兰教信徒无论在什么地方，信徒之间不分职位高低，都互称兄弟，或叫“多斯提”（波斯语，意为好友、教友）。在清真寺做礼拜的穆斯林，统称为“乡老”。对到麦加朝觐过的穆斯林，在其姓名前冠以“哈吉”（阿拉伯语，意为朝觐者），这在穆斯林中是十分荣耀的称谓。

伊斯兰教对宗教职业者和具有伊斯兰专业知识者，通称为“阿訇”（波斯语的音译），它是对伊斯兰教学者、宗教家和教师的尊称。在中国，一般在清真寺任教职，并主持清真寺教务的阿訇，被称为“教长”或“伊玛目”，其中的年长者被尊称为“阿訇老人家”。对主持清真女寺教务或教学的妇女，称“师娘”。对在清真寺里求学的学生称“满拉”或“海里发”。

2．大、小净

进礼拜殿前须作大、小净和脱鞋。一般性的礼拜可做小净，即洗净脸和手脚等，大净则是从头到脚依次洗遍全身。在沙漠地带，也可用沙土代替水洗，称为土净或代净。

3．禁露羞体

伊斯兰教认为，男子从肚脐到膝盖、妇女从头到脚都是羞体。在公开场合，男女穆斯林必须穿着不露羞体的衣服，女性必须戴面纱和盖头。穆斯林的男子多戴无檐小帽。

4．葬礼

穆斯林死后，实行“土葬、速葬、薄葬”。

二、伊斯兰教节日

1．古尔邦节

古尔邦节是全世界伊斯兰教徒最重大的节日，“古尔邦”的汉语意思是“宰牲”，所以古尔邦节又称“宰牲节”。古尔邦节的时间是伊斯兰教历 12 月 10 日，这一天除举行宗教仪式外，还要宰杀羊、牛、骆驼。

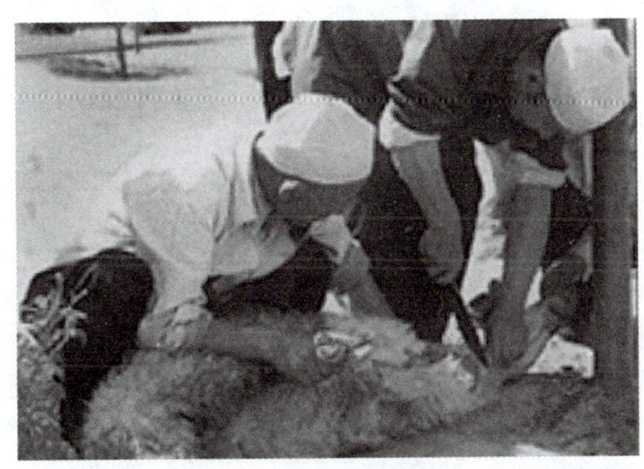

古尔邦节

2．开斋节

九月全月封斋，最后一天寻找新月，见月的次日为开斋节。这天，穆斯林要沐浴更衣，男人涌向清真寺，妇女在家做礼拜，然后探亲访友，举行庆祝活动。

3．圣纪节

圣纪节定在伊斯兰教历 3 月 12 日。这天是穆罕默德的诞生日，为了纪念他而规定此日为圣纪。当天要举行集会，在清真寺集体诵经，讲述“圣训”和穆罕默德生平，称赞穆罕默德功绩。中国某些地方还要杀牛宰羊，设宴聚餐。

三、伊斯兰教禁忌

（1）信仰伊斯兰教的民族都禁食猪肉及其血液，同时也禁饮酒。

（2）忌用猪的形象作为装饰图案。

（3）根据“认主独一”的信条，伊斯兰教徒忌任何偶像崇拜，只信安拉，禁模制、塑造、绘制任何生物的图像，包括人的形象也在禁忌之列，所以在伊斯兰建筑与其他艺术中只能看到绘制的植物或几何图形。

（4）禁止近亲与血亲之间的通婚，忌与宗教信仰不同者通婚。

（5）不戴面纱的妇女忌进清真寺，忌男女当众拥抱接吻，妇女在陌生人面前要戴面纱。

（6）信奉伊斯兰教的人送礼，忌送带有动物形象的东西，在他们看来，带有动物形象的东西会给他们带来厄运。

（7）饮食时只能用右手，忌用左手。

案例分析

她为什么受到冷遇？

张女士是一位饭店行业工作者，她随团到中东地区某国考察。抵达目的地后，张女士受到东道主的热情接待，并举行宴会招待。席间，为表示敬意，主人向每位宾客一一递上一杯当地特产饮料。轮到张女士接饮料时，一向习惯于用左手的张女士不假思索，便伸出左手去接，主人见此情景脸色骤变，不但没有将饮料递到张女士的手中，而且非常生气地将饮料重重地放在餐桌上，并不再理睬张女士，这是为什么？

案例解析：中东地区是伊斯兰教教徒最为集中的地区，不少国家还把该教定为国教。按伊斯兰教习俗，左手是拿不干净东西的，故在人际交往中，忌用左手递接物品。当主人用右手递送饮料时，张女士应用右手接取，但她仍然按国内养成的习惯用左手去接，这是对主人的极大侮辱，难怪主人满脸怒容，不再理睬她了。

深入思考

作为饭店服务人员，当遇到信奉伊斯兰教的客人时，你应该如何做好对他们的服务？

第四节　道教礼仪

道教是我国土生土长的宗教，开始于公元2世纪，距今已有1 800多年的历史。它的教义与中华本土文化紧密相连，深深扎根于中华沃土之中，具有鲜明的中国特色，并对中华文化的各个层面产生了深远影响。

一、道教基础知识

1．称谓

出家的道士，一般应尊称“道长”，道士又称“黄冠”或“羽客”。女道士一般尊称“道姑”或“女冠”，也可据其职务尊称“法师”“宗师”“方丈”“住持”或“知客”。非宗教人员可称其为“道长”或“法师”。

2．诵经

诵经是道教的主要宗教活动，道士每天早晚都要诵经。上殿时要穿戴整洁，禁谈笑。起居作息，一律按道规执行。

3．斋醮

斋醮是一种为善男信女祈福、禳灾、超度亡灵而设坛祈祷神灵的宗教活动。

斋醮

4．过斋堂

过斋堂指道教信徒吃饭、开饭时要打梆集合，道士们衣帽整齐地排成两队进入饭厅，每人一碗饭，一碗菜，饭前念“供养经”，饭后念“结斋经”，吃饭时不准讲话，碗筷不要有响动。

5．交往

道士交往时，双手擎拳于胸前，以拱手作揖为礼，向对方问好致敬。

二、道教节日

1. 三会日

三会日为农历正月七日（上会）、七月七日（中会）、十月五日（下会）。大会要举行祭祀，道众同会坛场，上章言功。

2. 三元节

三元节即上元节、中元节和下元节。上元节又称元宵节，为每年农历的一月十五日；中元节为每年的七月十五日，为赦恶的地官诞辰日，百姓在这一天祭祀祖先，举行“普度”的仪式；下元节为每年农历的十月十五日，是为人解厄的水官诞辰日。

3. 五腊日

五腊日是道教固定的节日，正月初一日天腊，五月初五日地腊，七月初七日道德腊，十月初一日民岁腊，十二月初八日王侯腊。腊，原是中国古代传统的祭祖礼，秦汉后祭祖和祭百神的腊礼合为一，故称腊为岁终祭众神之名。时间定于农历十二月，因而农历十二月也称腊月。

三、道教禁忌

（1）在日常饮食中禁食鱼、羊等荤腥，以及辛辣、刺激的食物。

（2）以素食为主，尽量保持食物原料的本色本性。

（3）道教的主要道规是“三皈五戒”。“三皈”即皈道、皈经、皈师。“五戒”是一不杀生，二不偷盗，三不邪淫，四不妄语，五不酒肉。除此之外，还有“八戒”和“十戒”等，戒条可多达1 200条。凡是出家的道士都要受戒，遵守道规。

活动平台

结合当地情况，去一家道观进行实地考察，认真观察道教礼仪，并写一篇观察报告。

思考与练习

1. 佛教有哪些主要的礼仪及重要节日？
2. 基督教有哪些禁忌？
3. 伊斯兰教的主要节日有哪些？
4. 道教的禁忌有哪些？